DER KULINARISCHE BEGLEITER DER ZITRONENLIEBHABER

100 frische und geschmackvolle Rezepte zur Bereicherung Ihres kulinarischen Repertoires

Karl Krause

Urheberrechtliches Material ©2024

Alle Rechte vorbehalten

Kein Teil dieses Buches darf ohne die entsprechende schriftliche Zustimmung des Herausgebers und Urheberrechtsinhabers in irgendeiner Form oder auf irgendeine Weise verwendet oder übertragen werden, mit Ausnahme von kurzen Zitaten, die in einer Rezension verwendet werden. Dieses Buch sollte nicht als Ersatz für medizinische, rechtliche oder andere professionelle Beratung betrachtet werden.

INHALTSVERZEICHNIS

INHALTSVERZEICHNIS..3
EINFÜHRUNG..7
FRÜHSTÜCK..9
1. Zitronen-Donuts mit Pistazien..10
2. Zitronen-Kokos-Muffins..13
3. Blaubeer-Zitronen-Scones...15
4. Macadamia- Zitronenbecher..18
5. Englischer Zitronen-Thymian-Muffin......................................20
6. Blaubeer-Zitronen-Käsekuchen-Haferflocken........................23
7. Blaubeer- und Zitronenschalenwaffeln....................................25
8. Heidelbeer-Zitronen-Croissants...28
9. Zitronen -Minz-Tee..30
10. Zitronenkäsebrötchen...32
11. Zitronenmuffins..35
VORSPEISEN UND SNACKS..38
12. Zitronen-Churros...39
13. Zitronen-Jalapeño-Brezel-Häppchen......................................42
14. Zitronenriegel..45
15. Zitronencracker...48
16. Pita-Chips mit Zitronenpfeffer...51
17. Lemon Curd Shortcake..53
18. Zitronenverbene Madeleines..56
19. Zitronen-Brownies...60
20. Mini-Zitronenriegel..62
21. Limonaden-Trüffel...64
NACHTISCH...67
22. Zitronenspiegelglasur-Macarons..68
23. Pistazien-Zitronen-Eclairs..73
24. Goji-, Pistazien- und Zitronentarte...79
25. Zitronen-Baiser-Pistazien-Torte...82
26. Zitronen-Erdbeer-Mousse-Kuchen...86
27. Zitronen-Kirsch-Nuss-Mousse...90

28. Zitroneneistorte mit Rhabarbersauce............................93
29. Zitronen-Rhabarber-Wolkenpudding........................97
30. Rhabarber-Zitronen-Tofu-Kuchen..........................100
31. Zitronensorbet...102
32. Mini-Zitronen-Törtchen.....................................104
33. Zitronen-Baiser-Kuchen-Parfaits..........................107
34. Zitronen-Lavendel-Flan.....................................109
35. Zitronen-Zabaglione..112
36. Meyer-Zitronen-Upside-Down-Kuchen.....................114
37. Zitronentöpfe de Creme....................................118
38. Französische Zitronen-Macarons..........................121
39. Zitronen- Brûlée -Tarte...................................126
40. Zitronen-Eis -Brûlée mit Toffee...........................129
41. Zitronenquark-Gelato.......................................132
42. Waben-Zitronen-Kuchen...................................134
43. Zitronenquark-Mousse.....................................137
44. Zitronen-Semifreddo.......................................139
45. Zitroneneis- Sandwiches...................................141
Glasur und Zuckerguss...144
46. Zitronenglasur..145
47. Himbeer-Limonaden-Glasur...............................147
48. Zitronenbutter-Zuckerguss................................149
49. Zitronen-Mohn-Zuckerguss................................151
LIMONADE...153
50. Klassische frisch gepresste Limonade....................154
51. Rosa Grapefruit-Limonade.................................156
52. Himbeer-Limonaden-Mimosen............................158
53. Erdbeer-Limonaden-Schorle...............................160
54. Drachenfruchtlimonade....................................162
55. Kiwi-Limonade..164
56. Himbeer- Kefir- Limonade.................................166
57. Himbeer -Fenchel- Limonade.............................168
58. Pflaumenlimonade..170
59. Granatapfellimonade.......................................173
60. Kirschlimonade...176

61. Heidelbeer-Limonade 178
62. Feigenkaktussaft-prickelnde Limonade 180
63. Schwarze Traubenlimonade 182
64. Litschi-Limonade 184
65. Apfel-Grünkohl- Limonade e 186
66. Rhabarber-Limonade 188
67. Rettichlimonade 190
68. Gurken-Limonaden-Genuss 192
69. Minzige Grünkohllimonade 194
70. Rübenlimonade 196
71. Schmetterlingserbsenlimonade 199
72. Lavendellimonade 201
73. Rosenwasserlimonade 203
74. Lavendel - Kokos-Limonade 205
75. Frische Fliederlimonade e 208
76. Hibiskuslimonade 210
77. Basilikumlimonade 213
78. Korianderlimonade 215
79. Mit Borretsch angereicherte Limonade 217
80. Zitronenverbene-Limonade 219
81. Rosmarin-Limonade 221
82. Zitronengras-Limonade 223
83. Hibiskus-Basilikum-Limonade 225
84. Meermoos-Limonade 227
85. Spirulina L- Emonade 229
86. Mit Algen angereicherte Limonade 231
87. Chlorella-Limonade 233
88. Matcha-Grüntee-Limonade 235
89. Eiskaffee-Limonade 237
90. Earl Grey-Limonade 240
91. Pfirsich-Schwarztee-Limonade 243
92. Chai-Himbeer-Limonade 245
93. Limonade Kombucha 247
94. Gewürzte Apfellimonade 249
95. Kurkuma-Limonade 252

96. Masala-Limonade..254
97. Chai-gewürzte Limonade..256
98. Limonade mit scharfer Soße...259
99. Indische Gewürzlimonade..261
100. Lavendel-Zitronen-Tropfen...264
ABSCHLUSS...267

EINFÜHRUNG

Willkommen bei „DER KULINARISCHE BEGLEITER DER ZITRONENLIEBHABER", einer spannenden Reise in die Welt der Zitronen und ihren bemerkenswerten Einfluss auf die Kochkunst. Zitronen haben sich mit ihrem hellen und belebenden Geschmack einen besonderen Platz im Herzen von Köchen und Hobbyköchen auf der ganzen Welt verdient. In diesem Kochbuch laden wir Sie ein, die Vielseitigkeit und Lebendigkeit von Zitronen anhand einer Sammlung von 100 frischen und geschmackvollen Rezepten zu entdecken.

Unsere Reise durch die zitronenreiche Landschaft führt Sie in die Magie dieses Zitrus-Superstars ein. Egal, ob Sie ein erfahrener Koch oder ein Küchenneuling sind, dieses Buch ist Ihr Leitfaden, wie Sie die würzige, zitronige Güte von Zitronen in Ihre kulinarischen Kreationen integrieren können. Von der Vorspeise bis zum Dessert, von herzhaft bis süß – Sie werden die endlosen Möglichkeiten entdecken, die Zitronen bieten, um Ihre Gerichte aufzupeppen und zu verfeinern.

Bereiten Sie sich darauf vor, die Geheimnisse des Kochens mit Zitronen zu lüften, während wir uns auf dieses von Zitrusfrüchten durchzogene Abenteuer begeben, und lassen Sie zu, dass ihr sonniges Gemüt Ihre Mahlzeiten verwandelt. Schnappen Sie sich also Ihre Schürze, schärfen Sie Ihre Messer und erweitern Sie gemeinsam mit uns Ihr kulinarisches Repertoire mit „The Lemon Lovers' Culinary Companion".

FRÜHSTÜCK

1. Zitronen-Donuts mit Pistazien

ZUTATEN:
FÜR DIE DOUGHNÜSSE:
- Antihaft-Kochspray
- ½ Tasse Kristallzucker
- Abgeriebene Schale und Saft von 1 Zitrone
- 1 ½ Tassen Allzweckmehl
- ¾ Teelöffel Backpulver
- ¼ Teelöffel Backpulver
- ¼ Teelöffel Salz
- ⅓ Tasse Buttermilch
- ⅓ Tasse Vollmilch
- 6 EL. ungesalzene Butter, bei Zimmertemperatur
- 1 Ei
- 2 Teelöffel Vanilleextrakt

FÜR DIE GLASUR
- ½ Tasse griechischer Naturjoghurt
- Abgeriebene Schale von 1 Zitrone
- ¼ Teelöffel Salz
- 1 Tasse Puderzucker
- ½ Tasse geröstete Pistazien, gehackt

ANWEISUNGEN :

a) Um die Donuts zuzubereiten, heizen Sie einen Ofen auf 375 °F vor.

b) Bestreichen Sie die Vertiefungen einer Donutform mit Antihaft-Kochspray.

c) In einer kleinen Schüssel den Kristallzucker und die Zitronenschale vermischen. Reiben Sie die Schale mit den Fingerspitzen in den Zucker. In einer anderen Schüssel Mehl, Backpulver, Natron und Salz vermischen. In einem

Messbecher Buttermilch, Vollmilch und Zitronensaft verrühren.

d) In der Schüssel einer Küchenmaschine mit Rühraufsatz die Zuckermischung und die Butter bei mittlerer Geschwindigkeit etwa 2 Minuten lang schaumig schlagen. Kratzen Sie die Seiten der Schüssel ab. Ei und Vanille hinzufügen und bei mittlerer Geschwindigkeit etwa 1 Minute lang verrühren, bis alles gut vermischt ist.

e) Geben Sie bei niedriger Geschwindigkeit die Mehlmischung in drei Portionen hinzu, abwechselnd mit der Milchmischung und beginnend und abschließend mit dem Mehl. Schlagen Sie jede Zugabe, bis sie gerade vermischt ist.

f) 2 EL einfüllen. Teig in jede vorbereitete Mulde geben. Backen Sie, indem Sie die Pfanne nach der Hälfte der Backzeit um 180 Grad drehen, bis ein in die Donuts gesteckter Zahnstocher sauber herauskommt, etwa 10 Minuten. In der Form auf einem Kühlregal 5 Minuten abkühlen lassen, dann die Donuts umdrehen und vollständig abkühlen lassen. Waschen und trocknen Sie in der Zwischenzeit die Form und wiederholen Sie den Vorgang, um den restlichen Teig zu backen.

g) Für die Glasur Joghurt, Zitronenschale und Salz in einer Schüssel verrühren.

h) Fügen Sie den Puderzucker hinzu und rühren Sie, bis alles glatt und gut vermischt ist.

i) Die Donuts mit der Oberseite nach unten in die Glasur tauchen, mit den Pistazien bestreuen und servieren.

2. Zitronen-Kokos-Muffins

ZUTATEN:
- 1 ¼ Tasse Mandelmehl
- 1 Tasse geraspelte ungesüßte Kokosnuss
- 2 Esslöffel Kokosmehl
- ½ Teelöffel Backpulver
- ½ Teelöffel Backpulver
- ¼ Teelöffel Salz
- ¼ Tasse Honig
- Saft und Schale von 1 Zitrone
- ¼ Tasse vollfette Kokosmilch
- 3 Eier, verquirlt
- 3 Esslöffel Kokosöl
- 1 Teelöffel Vanilleextrakt

ANWEISUNGEN:
a) Bringen Sie die Hitze Ihres Ofens auf 350 F. In einer kleinen Schüssel alle feuchten Zutaten vermischen.
b) In einer mittelgroßen Schüssel alle trockenen Zutaten vermischen.
c) Geben Sie nun die feuchten Zutaten in die Schüssel mit den trockenen Zutaten und verrühren Sie sie zu einem Teig.
d) Lassen Sie den Teig einige Minuten ruhen und rühren Sie ihn dann erneut um. Fetten Sie nun eine Muffinform ein und füllen Sie sie jeweils zu etwa zwei Dritteln. Schieben Sie es in den Ofen und backen Sie es etwa 20 Minuten lang.
e) Testen Sie den Gargrad des Muffins, indem Sie einen Zahnstocher in die Mitte stecken. Wenn er sauber herauskommt, können Sie loslegen. Aus dem Ofen nehmen, eine Minute abkühlen lassen und servieren!

3. Blaubeer-Zitronen-Scones

ZUTATEN:
- 2 Tassen Allzweckmehl
- 1 Esslöffel Backpulver
- 2 Teelöffel Zucker
- 1 Teelöffel koscheres Salz
- 2 Unzen raffiniertes Kokosöl
- 1 Tasse frische Blaubeeren
- $\frac{1}{4}$ Unze Zitronenschale
- 8 Unzen Kokosmilch

ANWEISUNGEN:
a) Kokosöl mit Salz, Zucker, Backpulver und Mehl in einer Küchenmaschine vermischen.
b) Übertragen Sie diese Mehlmischung in eine Rührschüssel.
c) Nun Kokosmilch und Zitronenschale zur Mehlmischung geben und gut vermischen.
d) Blaubeeren unterheben und den vorbereiteten Teig gut verrühren, bis eine glatte Masse entsteht.
e) Verteilen Sie diesen Blaubeerteig in einer 7-Zoll-Runde und legen Sie ihn in eine Pfanne.
f) Den Blaubeerteig 15 Minuten kühl stellen und dann in 6 Spalten schneiden.
g) Legen Sie ein Pergamentblatt auf die Anbratenplatte.
h) Legen Sie die Blaubeerspalten in die mit Backpapier ausgelegte Anbratenplatte.
i) Übertragen Sie die Scones in den Heißluftfritteusenofen und schließen Sie die Tür.
j) Wählen Sie den Modus „Backen", indem Sie den Drehknopf drehen.

k) Drücken Sie die TIME/SLICES-Taste und ändern Sie den Wert auf 25 Minuten.
l) Drücken Sie die TEMP/SHADE-Taste und ändern Sie den Wert auf 400 °F.
m) Drücken Sie Start/Stopp, um mit dem Garen zu beginnen.
n) Frisch servieren.

4. Macadamia- Zitronenbecher

ZUTATEN:

- ½ Tasse Kokosnussbutter
- ½ Tasse Macadamianüsse
- ½ Tasse Kakaobutter
- ¼ Tasse Kokosöl
- ¼ Tasse Swerve, gepulvert
- 1 Esslöffel Zitronenschale, fein gerieben
- 1 Teelöffel Moringa-Pulver

ANWEISUNGEN:

a) Beginnen Sie damit, alle Zutaten, außer der Zitronenschale und Moringa, eine Minute lang in einer Küchenmaschine zu zerkleinern, um sie alle zu vermischen.

b) Teilen Sie die Mischung auf zwei Schüsseln auf. Es sollte möglichst gleichmäßig halbiert werden, bevor es in zwei Hälften geteilt wird.

c) Moringa-Pulver sollte in eine separate Schüssel gegeben werden. Kombinieren Sie in einem bestimmten Gericht die Zitronenschale und die anderen Zutaten.

d) Bereiten Sie 10 Mini-Muffinförmchen vor, indem Sie sie zur Hälfte mit der Moringa-Mischung füllen und sie dann mit anderthalb Esslöffeln Ihrer Zitronenmischung belegen. Beiseite legen. Stellen Sie sicher, dass es vor dem Servieren mindestens eine Stunde im Kühlschrank steht.

5. Englischer Zitronen-Thymian-Muffin

ZUTATEN:
- Maismehl zum Bestäuben
- 1 Esslöffel Zitronenschale
- 2 Esslöffel Kristallzucker
- 1 ½ Tassen weißes Vollkornmehl
- 1 ½ Tassen Allzweckmehl
- 1 Esslöffel gehackter frischer Thymian
- 1 ½ Teelöffel Salz
- ¼ Teelöffel Backpulver
- 1 Esslöffel aktive Trockenhefe
- 1 Tasse ungesüßte Mandelmilch (oder Milch Ihrer Wahl), erhitzt auf 120 bis 130 °F
- ⅓ Tasse Wasser, erhitzt auf 120 bis 130 °F
- 2 Esslöffel Olivenöl

ANWEISUNGEN:
a) In einer Rührschüssel Zitronenschale und Kristallzucker vermischen. Mischen Sie sie, bis alles gut vermischt ist. Dieser Schritt trägt dazu bei, den Geschmack der Zitrone in den Zucker freizusetzen.
b) In einer separaten großen Rührschüssel das weiße Vollkornmehl, Allzweckmehl, gehackten frischen Thymian, Salz und Backpulver verrühren.
c) Streuen Sie die aktive Trockenhefe über die warme Mandelmilch-Wasser-Mischung. Lassen Sie es etwa 5 Minuten ruhen, bis es schaumig wird.
d) Gießen Sie die Hefemischung in die Schüssel mit der Mehlmischung und fügen Sie auch die Zitronen-Zucker-Mischung und das Olivenöl hinzu. Alles verrühren, bis ein Teig entsteht.

e) Den Teig auf eine bemehlte Fläche geben und etwa 5 Minuten lang kneten, bis er glatt und elastisch ist.

f) Geben Sie den Teig zurück in die Rührschüssel, decken Sie ihn mit einem sauberen Küchentuch ab und lassen Sie ihn an einem warmen Ort etwa 1 Stunde lang gehen oder bis er sein Volumen verdoppelt hat.

g) Sobald der Teig aufgegangen ist, schlagen Sie ihn aus und stürzen Sie ihn erneut auf eine bemehlte Oberfläche. Rollen Sie es auf eine Dicke von etwa $\frac{1}{2}$ Zoll aus.

h) Verwenden Sie einen runden Ausstecher oder den Rand eines Glases, um englische Muffinrunden auszustechen. Sie sollten etwa 12 Runden erhalten.

i) Ein Backblech mit Maismehl bestäuben und die Muffinrunden darauf legen. Bestreuen Sie die Spitzen mit zusätzlichem Maismehl. Mit einem Küchentuch abdecken und etwa 20-30 Minuten ruhen lassen.

j) Eine Grillplatte oder eine große Pfanne bei mittlerer Hitze vorheizen. Backen Sie die Muffins auf jeder Seite etwa 5-7 Minuten lang oder bis sie goldbraun und durchgebacken sind.

k) Lassen Sie die Muffins nach dem Backen etwas abkühlen, bevor Sie sie mit einer Gabel aufschneiden und toasten.

l) Servieren Sie Ihre hausgemachten Zitronen-Thymian-Muffins warm mit Ihren Lieblingsaufstrichen oder Toppings. Genießen!

6. Blaubeer-Zitronen-Käsekuchen-Haferflocken

ZUTATEN:
- ¼ Tasse fettfreier griechischer Joghurt
- 2 Esslöffel Blaubeerjoghurt
- ¼ Tasse Blaubeeren
- 1 Teelöffel abgeriebene Zitronenschale
- 1 Teelöffel Honig

ANWEISUNGEN:
a) Kombinieren Sie Haferflocken und Milch in einem 16-Unzen-Einmachglas. Mit den gewünschten Toppings belegen.

b) Über Nacht oder bis zu 3 Tage im Kühlschrank lagern; kalt servieren.

7. Blaubeer- und Zitronenschalenwaffeln

ZUTATEN:
- 2 Tassen Allzweckmehl
- 2 Esslöffel Kristallzucker
- 1 Esslöffel Backpulver
- ½ Teelöffel Salz
- Schale von 1 Zitrone
- 2 große Eier
- 1¾ Tassen Milch
- ⅓ Tasse ungesalzene Butter, geschmolzen
- 1 Teelöffel Vanilleextrakt
- 1 Tasse frische Blaubeeren

ANWEISUNGEN:
a) Heizen Sie Ihr Waffeleisen gemäß den Anweisungen des Herstellers vor.
b) In einer großen Rührschüssel Mehl, Zucker, Backpulver, Salz und Zitronenschale verrühren.
c) In einer separaten Schüssel die Eier schlagen. Milch, geschmolzene Butter und Vanilleextrakt hinzufügen. Schneebesen, bis alles gut vermischt ist.
d) Gießen Sie die feuchten Zutaten zu den trockenen Zutaten und rühren Sie, bis alles gut vermischt ist. Nicht zu viel mischen; ein paar Klumpen sind in Ordnung.
e) Die frischen Blaubeeren vorsichtig unter den Teig heben.
f) Fetten Sie das Waffeleisen leicht mit Kochspray ein oder bestreichen Sie es mit zerlassener Butter.
g) Gießen Sie den Teig in das vorgeheizte Waffeleisen und verwenden Sie dabei die empfohlene Menge entsprechend der Größe Ihres Waffeleisens.

h) Den Deckel schließen und backen, bis die Waffeln goldbraun und knusprig sind.
i) Nehmen Sie die Waffeln vorsichtig aus dem Eisen und legen Sie sie zum leichten Abkühlen auf einen Rost.
j) Wiederholen Sie den Vorgang mit dem restlichen Teig, bis alle Waffeln fertig sind.
k) Servieren Sie die Blaubeer- und Zitronenschale-Waffeln warm mit zusätzlichen frischen Blaubeeren, einer Prise Puderzucker, einem Spritzer Ahornsirup oder einem Klecks Schlagsahne.

8. Heidelbeer-Zitronen-Croissants

ZUTATEN:
- Einfacher Croissant-Teig
- $\frac{1}{2}$ Tasse Blaubeeren
- 2 Esslöffel Kristallzucker
- 1 Esslöffel Maisstärke
- 1 Esslöffel Zitronenschale
- 1 Ei mit 1 Esslöffel Wasser verquirlt

ANWEISUNGEN:
a) Den Croissant-Teig zu einem großen Rechteck ausrollen.
b) In einer kleinen Schüssel Blaubeeren, Zucker, Maisstärke und Zitronenschale vermischen.
c) Die Heidelbeermischung gleichmäßig auf der Teigoberfläche verteilen.
d) Den Teig in Dreiecke schneiden.
e) Jedes Dreieck zu einem Croissant aufrollen.
f) Die Croissants auf ein mit Backpapier ausgelegtes Backblech legen, mit Ei bestreichen und 1 Stunde gehen lassen.
g) Heizen Sie den Ofen auf 200 °C (400 °F) vor und backen Sie die Croissants 20–25 Minuten lang, bis sie goldbraun sind.

9. Zitronen-Minz-Tee

ZUTATEN:
- 1½ Tasse kochendes Wasser
- 3 Teelöffel Instanttee
- 6 Zweige Minze
- 1 Tasse kochendes Wasser
- 1 Tasse Zucker
- ½ Tasse Zitronensaft

ANWEISUNGEN:
a) Kombinieren Sie 1-½ Tassen kochendes Wasser, Instant-Tee und Minze .
b) Zugedeckt 15 Minuten ziehen lassen.
c) Kombinieren Sie 1 Tasse kochendes Wasser, Zucker und Zitronensaft.
d) Mischen Sie die zweite Mischung mit der Minzmischung, nachdem Sie sie abgeseiht haben.
e) 4 Tassen kaltes Wasser hinzufügen .

10. Zitronenkäsebrötchen

ZUTATEN:
TEIG
- 1 Tasse Wasser
- ¼ Tasse Zucker
- 1 großes Ei, gut geschlagen
- 2 Esslöffel Butter
- ¾ Teelöffel Salz
- 4 Tassen Brotmehl
- 1 Esslöffel Trockenmilch
- 1½ Teelöffel aktive Trockenhefe

FÜLLUNG
- 1 Tasse Ricotta-Käse, ein Teil Magermilch
- ¼ Tasse Zitronensaft (von 1 Zitrone)
- ¼ Tasse Zucker
- ¼ Teelöffel Zitronenschale (von 1 Zitrone)

BELAG
- ½ Tasse Puderzucker
- 1 Teelöffel Zitronensaft
- Wasser (nach Bedarf, um die gewünschte Konsistenz zu erreichen)

ANWEISUNGEN:
TEIG:
a) Die Zutaten für den Teig in die Backform geben (außer Hefe).

b) Klopfen Sie fest auf den Behälter, um die Zutaten auszugleichen, und streuen Sie dann die Hefe in die Mitte des Mehls.

c) Setzen Sie die Backform sicher in den Brotbackautomaten ein und schließen Sie den Deckel.

d) Wählen Sie die Einstellung TEIG und drücken Sie Start.

e) Die Maschine piept und die COMPLETE-Leuchte leuchtet auf, wenn der Teig fertig ist.

f) Den Teig aus der Backform nehmen.

FÜLLUNG:

g) In einer separaten Schüssel alle Zutaten für die Füllung vermischen und gründlich verrühren.

MONTAGE:

h) Rollen Sie den Teig zu einem 12 x 15 Zoll großen Quadrat aus.

i) Die Füllung gleichmäßig auf dem Teig verteilen.

j) Den Teig der Länge nach ausrollen und die Rolle in 12 Stücke schneiden.

k) Mit der Schnittseite nach unten in eine gebutterte Pfanne legen.

l) Den Teig abdecken und 15 Minuten ruhen lassen.

BACKEN:

m) Heizen Sie Ihren Backofen auf 375 °F (190 °C) vor.

n) Backen Sie die Brötchen 15 bis 20 Minuten lang oder bis sie goldbraun sind.

o) Die Brötchen auf einem Backgitter abkühlen lassen.

BELAG:

p) In einer separaten Schüssel alle Topping-Zutaten vermischen.

q) Fügen Sie ½ Teelöffel Wasser hinzu, bis Sie die gewünschte Konsistenz erreicht haben.

r) Den Belag über die abgekühlten Brötchen geben.

s) Genießen Sie Ihre hausgemachten Zitronenkäsebrötchen!

11. Zitronenmuffins

ZUTATEN:
- 1 ganzes Ei
- 1 Tasse Carbquik
- 2 Esslöffel Splenda (oder nach Geschmack)
- 1 Teelöffel abgeriebene Zitronenschale
- $\frac{1}{4}$ Tasse Zitronensaft
- $\frac{1}{8}$ Tasse Wasser
- 1 Esslöffel Öl
- 1 Esslöffel Mohn (optional)
- 1 Teelöffel Backpulver
- Eine Prise Salz

ANWEISUNGEN:
a) Heizen Sie Ihren Ofen vor: Heizen Sie Ihren Ofen auf 400 °F (200 °C) vor. Stellen Sie jeweils einen Papierbackförmchen in die 6 normalgroßen Muffinförmchen oder fetten Sie nur den Boden der Muffinförmchen ein.

b) Den Teig mischen: In einer mittelgroßen Schüssel das Ei leicht schlagen. Dann Carbquik, Splenda, geriebene Zitronenschale, Zitronensaft, Wasser, Öl, Mohn (falls verwendet), Backpulver und eine Prise Salz unterrühren. Rühren, bis die Mischung gerade angefeuchtet ist; nicht übermischen.

c) Den Teig aufteilen: Den Muffin-Teig gleichmäßig auf die vorbereiteten Muffinförmchen verteilen.

d) Backen: Backen Sie die Muffins im vorgeheizten Ofen 15 bis 20 Minuten lang oder bis die Oberfläche goldbraun ist. Behalten Sie sie gegen Ende der Backzeit im Auge, um ein Überbacken zu vermeiden.

e) Sobald Sie fertig sind, nehmen Sie die Muffins aus dem Ofen und lassen Sie sie einige Minuten in den Muffinförmchen abkühlen.
f) Übertragen Sie die Muffins auf einen Rost, um sie vollständig abzukühlen.
g) Genießen Sie Ihre hausgemachten Carbquik-Zitronenmuffins!

VORSPEISEN UND SNACKS

12. Zitronen-Churros

ZUTATEN:
- 1 Tasse Wasser
- 2 Esslöffel Zucker
- ½ Teelöffel Salz
- 2 Esslöffel Pflanzenöl
- 1 Tasse Allzweckmehl
- Schale von 1 Zitrone
- Pflanzenöl zum Braten
- ¼ Tasse Zucker (zum Überziehen)
- 1 Teelöffel gemahlener Zimt (zum Bestreichen)
- Zitronenglasur (hergestellt aus Puderzucker und Zitronensaft)

ANWEISUNGEN:
a) In einem Topf Wasser, Zucker, Salz und Pflanzenöl vermischen. Bringen Sie die Mischung zum Kochen.
b) Den Topf vom Herd nehmen und das Mehl und die Zitronenschale hinzufügen. Rühren, bis die Mischung eine Teigkugel bildet.
c) Pflanzenöl in einer tiefen Pfanne oder einem Topf bei mittlerer Hitze erhitzen.
d) Den Teig in einen Spritzbeutel mit Sterntülle füllen.
e) Geben Sie den Teig in das heiße Öl und schneiden Sie ihn mit einem Messer oder einer Schere in 10-15 cm lange Stücke.
f) Von allen Seiten goldbraun braten, dabei gelegentlich wenden.
g) Churros aus dem Öl nehmen und auf einem Papiertuch abtropfen lassen.

h) In einer separaten Schüssel Zucker und Zimt vermischen. Die Churros in der Zimt-Zucker-Mischung wälzen, bis sie bedeckt sind.
i) Die Zitronenglasur über die Churros träufeln.
j) Die Zitronen-Churros warm servieren.

13. Zitronen-Jalapeño-Brezel-Häppchen

ZUTATEN:
- 1 Esslöffel Olivenöl
- 3 Jalapeños, entkernt und fein gehackt
- Koscheres Salz
- 2 (4 Unzen) Packungen Brezelhäppchen
- 4 Unzen Frischkäse, bei Zimmertemperatur
- ½ Teelöffel fein abgeriebene Zitronenschale
- 1 Esslöffel Zitronensaft
- Ein Schuss scharfe Soße
- 1 Unze extra scharfer orangefarbener Cheddar, grob gerieben (ca. ⅓ Tasse), plus mehr zum Bestreuen
- 1 Frühlingszwiebel, fein gehackt, plus mehr zum Bestreuen

ANWEISUNGEN:
a) Heizen Sie den Ofen auf 400 °F vor. Ein Backblech mit Backpapier auslegen.

b) Eine mittelgroße Pfanne bei mittlerer Hitze erhitzen. Fügen Sie das Olivenöl hinzu, gefolgt von den Jalapeños und ¼ Teelöffel Salz. Unter gelegentlichem Rühren kochen, bis die Jalapeños gerade zart sind. Dies dauert etwa 2 Minuten. Vom Herd nehmen.

c) Entfernen Sie in der Zwischenzeit mit einem Schälmesser schräg die Oberseite jeder Brezel und lassen Sie dabei eine 2,5 cm große Öffnung übrig. Drücken Sie mit dem Daumen hinein und herum, um einige der Brezeln nach unten zu drücken und eine größere Öffnung zu schaffen.

d) In einer Schüssel Frischkäse, Zitronenschalensaft und scharfe Soße vermischen. Jalapeños, Cheddar und

Frühlingszwiebeln unterheben. Übertragen Sie die Mischung in einen wiederverschließbaren Plastikbeutel.

e) Schneiden Sie die Ecke des Beutels ab und füllen Sie jede Brezel damit auf. Auf das vorbereitete Backblech geben, mit zusätzlichem Käse bestreuen und 5 bis 6 Minuten backen, bis der Käse schmilzt. Bei Bedarf vor dem Servieren mit Frühlingszwiebeln bestreuen.

14. Zitronenriegel

ZUTATEN:
FÜR DIE KRUSTE:
- 1 Tasse (2 Stangen) ungesalzene Butter, weich
- ½ Tasse Kristallzucker
- 2 Tassen Allzweckmehl
- Prise Salz

FÜR DIE ZITRONENFÜLLUNG:
- 4 große Eier
- 2 Tassen Kristallzucker
- ⅓ Tasse Allzweckmehl
- ½ Tasse frisch gepresster Zitronensaft (ca. 4 Zitronen)
- Schale von 2 Zitronen
- Puderzucker (zum Bestäuben)

ANWEISUNGEN:
FÜR DIE KRUSTE:
a) Heizen Sie Ihren Backofen auf 350 °F (175 °C) vor. Eine 9 x 13 Zoll große Auflaufform einfetten.
b) In einer Rührschüssel die weiche Butter und den Kristallzucker schaumig rühren.
c) Nach und nach Mehl und Salz dazugeben und verrühren, bis ein krümeliger Teig entsteht.
d) Den Teig gleichmäßig auf den Boden der vorbereiteten Auflaufform drücken.
e) Im vorgeheizten Ofen 15–20 Minuten backen oder bis die Ränder leicht goldbraun sind. Aus dem Ofen nehmen und beiseite stellen.

FÜR DIE ZITRONENFÜLLUNG:
f) In einer separaten Schüssel Eier, Kristallzucker, Mehl, Zitronensaft und Zitronenschale gut verrühren.

g) Gießen Sie die Zitronenmischung über die gebackene Kruste.

h) Stellen Sie die Form wieder in den Ofen und backen Sie sie weitere 20 bis 25 Minuten lang oder bis die Zitronenfüllung fest ist und nicht mehr wackelt, wenn Sie die Pfanne leicht schütteln.

i) Lassen Sie die Zitronenriegel in der Pfanne vollständig abkühlen.

j) Nach dem Abkühlen die Oberseite mit Puderzucker bestäuben und in Quadrate schneiden.

15. Zitronencracker

ZUTATEN:
- 2½ Tassen Zucker
- 1 Tasse Backfett
- 2 Esslöffel Bäcker-Ammoniak
- 1 Teelöffel Zitronenöl
- 2 Eier
- 2 Esslöffel Milch (neu)
- 1 Pint Milch (neu)
- Mehl

ANWEISUNGEN:
a) Beginnen Sie damit, das Ammoniak des Bäckers über Nacht in einem halben Liter Milch einzuweichen.
b) In einer separaten Schüssel die Eier getrennt schlagen und 2 Esslöffel Milch zum Eigelb geben.
c) In einer großen Rührschüssel Zucker, Backfett, eingeweichtes Ammoniak, Zitronenöl und die geschlagenen Eier mit Milch vermischen.
d) Nach und nach so viel Mehl hinzufügen, dass der Teig steif wird.
e) Den Teig dünn ausrollen und mit einer Gabel gut einstechen.
f) Backen, aber im Originalrezept ist keine bestimmte Temperatur oder Backzeit angegeben. Sie können versuchen, sie bei 220 °C (425 °F) zu backen, bis sie goldbraun werden. Behalten Sie sie im Auge, um ein Überbacken zu verhindern.
g) Diese Zitronencracker sind zwar keine spezifischen Temperatur- und Zeitangaben, aber sie sind ein einzigartiger Leckerbissen mit zitronigem Geschmack.

h) Experimentieren Sie gerne mit der Backzeit und -temperatur, um die gewünschte Textur und Farbe zu erzielen.

16. Pita-Chips mit Zitronenpfeffer

ZUTATEN:
- 4 Fladenbrotscheiben
- 2 Esslöffel Olivenöl
- Schale von 1 Zitrone
- 1 Teelöffel schwarzer Pfeffer
- ½ Teelöffel Salz

ANWEISUNGEN:
a) Heizen Sie den Ofen auf 375 °F (190 °C) vor.
b) Schneiden Sie die Fladenbrotscheiben in kleine Dreiecke oder die gewünschte Form.
c) In einer kleinen Schüssel Olivenöl, Zitronenschale, schwarzen Pfeffer und Salz vermischen.
d) Beide Seiten der Pita-Dreiecke mit der Olivenölmischung bestreichen.
e) Ordnen Sie die Pita-Dreiecke auf einem mit Backpapier ausgelegten Backblech an.
f) 10-12 Minuten backen oder bis es knusprig und leicht golden ist.
g) Lassen Sie die Chips vor dem Servieren abkühlen.

17. Lemon Curd Shortcake

ZUTATEN:
- 2 Tassen Allzweckmehl
- ¼ Tasse Kristallzucker
- 1 Esslöffel Backpulver
- ½ Teelöffel Salz
- ½ Tasse ungesalzene Butter, kalt und gewürfelt
- ¾ Tasse Buttermilch
- 1 Teelöffel Vanilleextrakt
- Zitronenquark
- Frische Himbeeren
- Frische Erdbeeren, in Scheiben geschnitten
- Schlagsahne zum Servieren

ANWEISUNGEN:
a) Heizen Sie Ihren Backofen auf 425 °F (220 °C) vor.
b) Mehl, Zucker, Backpulver und Salz in einer großen Schüssel verrühren.
c) Die kalte, gewürfelte Butter zu den trockenen Zutaten geben. Schneiden Sie die Butter mit einem Ausstecher oder Ihren Fingern in die Mehlmischung, bis sie groben Krümeln ähnelt.
d) Machen Sie eine Mulde in die Mitte der Mischung und gießen Sie Buttermilch und Vanilleextrakt hinein. Rühren, bis alles gut vermischt ist.
e) Geben Sie den Teig auf eine bemehlte Fläche und kneten Sie ihn einige Male vorsichtig, bis er sich verbindet.
f) Den Teig zu einem 2,5 cm dicken Teig formen und mit einem Keksausstecher Mürbeteigplätzchen ausstechen.
g) Legen Sie die Shortcakes auf ein mit Backpapier ausgelegtes Backblech.

h) 12-15 Minuten backen oder bis es goldbraun ist.
i) Aus dem Ofen nehmen und etwas abkühlen lassen.
j) Die Shortcakes waagerecht halbieren. Die untere Hälfte mit Lemon Curd bestreichen und dann eine Schicht frische Himbeeren und geschnittene Erdbeeren hinzufügen. Mit der anderen Hälfte des Shortcakes belegen und mit Schlagsahne servieren.

18. Zitronenverbene Madeleines

ZUTATEN:
- 2 Tassen ungesiebtes Kuchenmehl
- 1 Teelöffel Backpulver
- ½ Teelöffel Salz
- 1 Tasse ungesalzene Butter, bei Zimmertemperatur
- 1 ⅔ Tassen Kristallzucker
- 5 große Eier
- 1 ½ Teelöffel Vanilleextrakt
- Zitronenverbenesirup (Rezept folgt)
- Zitronenverbenesirup:
- ½ Tasse Wasser
- ½ Tasse Kristallzucker
- ¼ Tasse frische Zitronenverbeneblätter, leicht verpackt (oder 2 Esslöffel getrocknete Zitronenverbeneblätter)

ANWEISUNGEN:
a) Heizen Sie Ihren Backofen auf 160 Grad Celsius vor und stellen Sie den Rost in die Mitte des Ofens. Madeleine-Pfannen mit weicher Butter einfetten, mit Mehl bestäuben und überschüssiges Mehl ausklopfen. Beiseite legen.

b) In einer Schüssel Kuchenmehl, Backpulver und Salz vermischen. Die trockene Mischung beiseite stellen.

c) In einer Rührschüssel mit einem Elektromixer und Rühraufsatz die ungesalzene Butter schlagen, bis sie weich und locker wird.

d) Geben Sie nach und nach den Kristallzucker zur Butter und schlagen Sie weiter, bis die Masse sehr hell und cremig ist.

e) Fügen Sie die Eier einzeln zur Mischung hinzu und schlagen Sie sie nach jeder Zugabe gut durch. Den Vanilleextrakt einrühren.

f) Mischen Sie nach und nach die trockene Mehlmischung unter den feuchten Teig, bis alles gut vermischt ist.

g) Den Teig mit einem Spatel in die vorbereiteten Madeleine-Pfannen kratzen und ihn vollständig glätten. Reinigen Sie die Ränder der Pfanne mit einem Papiertuch.

h) Backen Sie die Madeleines im vorgeheizten Ofen etwa 10 bis 15 Minuten lang oder bis die Kuchen aufgegangen sind und oben goldbraun sind. Führen Sie einen Tester in die Mitte einer Madeleine ein. es sollte sauber herauskommen, wenn sie vollständig gebacken sind.

i) Nehmen Sie die Madeleines aus dem Ofen und schieben Sie ein Messer um die Seiten, um sie zu lösen. Die Kuchen mit der rechten Seite nach oben auf einen Rost legen.

j) Während die Madeleines noch warm sind, stechen Sie mit einem dünnen Spieß ein Loch in die Oberseite jedes Kuchens.

k) Bereiten Sie den Zitronenverbenesirup zu: In einem kleinen Topf Wasser, Kristallzucker und frische Zitronenverbeneblätter vermischen. Die Mischung unter Rühren köcheln lassen, bis sich der Zucker aufgelöst hat. Den Topf vom Herd nehmen und den Sirup etwa 10 Minuten ziehen lassen. Den Sirup abseihen, um die Zitronenverbeneblätter zu entfernen.

l) Gießen Sie 1 Teelöffel warmen Zitronenverbenesirup über jede Madeleine und lassen Sie ihn einziehen und den Kuchen mit seinem köstlichen Geschmack durchdringen.

m) Lassen Sie die Madeleines vollständig abkühlen und bewahren Sie sie dann in einem luftdichten Behälter auf.

n) Genießen Sie diese köstlichen Zitronenverbene-Madeleines, angereichert mit der aromatischen Essenz der Zitronenverbene. Sie sind ein köstlicher Leckerbissen zu Ihrem Tee oder Kaffee, und der duftende Sirup sorgt für einen zusätzlichen Hauch von Süße und Geschmack. Bewahren Sie alle Reste in einem luftdichten Behälter auf, um ihre Frische zu bewahren.

19. Zitronen-Brownies

ZUTATEN:
- 1 Tasse ungesalzene Butter, geschmolzen
- 2 Tassen Kristallzucker
- 4 große Eier
- 1 Teelöffel Vanilleextrakt
- 1 Esslöffel Zitronenschale
- 2 Esslöffel frischer Zitronensaft
- 1 ½ Tassen Allzweckmehl
- ½ Teelöffel Salz
- ½ Tasse Puderzucker (zum Bestäuben)

ANWEISUNGEN:
a) Heizen Sie den Ofen auf 350 °F vor und fetten Sie eine 9 x 13 Zoll große Auflaufform ein.
b) In einer großen Schüssel die geschmolzene Butter und den Kristallzucker gut vermischen.
c) Eier, Vanilleextrakt, Zitronenschale und Zitronensaft hinzufügen und glatt rühren.
d) In einer separaten Schüssel Mehl und Salz verquirlen.
e) Geben Sie nach und nach die trockenen Zutaten zu den feuchten Zutaten hinzu und verrühren Sie alles, bis alles gut vermischt ist.
f) Den Teig in die vorbereitete Auflaufform füllen und gleichmäßig verteilen.
g) 25-30 Minuten backen, oder bis ein in die Mitte gesteckter Zahnstocher ein paar feuchte Krümel herauslässt.
h) Lassen Sie die Brownies vollständig abkühlen.
i) Die Oberseite mit Puderzucker bestäuben.
j) In Quadrate schneiden und servieren.

20. Mini-Zitronenriegel

ZUTATEN:
- 1 Tasse Allzweckmehl
- ¼ Tasse Puderzucker
- ½ Tasse ungesalzene Butter, weich
- 2 große Eier
- 1 Tasse Kristallzucker
- 2 Esslöffel Allzweckmehl
- ¼ Teelöffel Backpulver
- 2 Esslöffel Zitronensaft
- Schale von 1 Zitrone
- Puderzucker (zum Bestäuben)

ANWEISUNGEN:
a) Heizen Sie den Ofen auf 350 °F (175 °C) vor.
b) In einer Rührschüssel 1 Tasse Mehl, ¼ Tasse Puderzucker und weiche Butter krümelig verrühren.
c) Drücken Sie die Mischung auf den Boden einer gefetteten 20 x 20 cm großen Backform.
d) Backen Sie die Kruste 15-20 Minuten lang oder bis sie leicht goldbraun ist.
e) In einer anderen Schüssel Eier, Kristallzucker, 2 Esslöffel Mehl, Backpulver, Zitronensaft und Zitronenschale gut verrühren.
f) Gießen Sie die Zitronenmischung über die gebackene Kruste.
g) Weitere 20-25 Minuten backen oder bis die Oberfläche fest und leicht gebräunt ist.
h) Lassen Sie die Mini-Zitronenriegel vollständig abkühlen und schneiden Sie sie dann in mundgerechte Quadrate.
i) Vor dem Servieren die Spitzen mit Puderzucker bestäuben.

21. Limonaden-Trüffel

ZUTATEN:
- 26 Unzen weiße Schokolade, geteilt
- 6 Esslöffel Butter
- 1 Esslöffel Zitronenschale
- 1 Teelöffel Zitronensaft
- ⅓ Teelöffel Weinsäure, eine Prise Salz
- 2 Esslöffel Erdbeerkonfitüre

ANWEISUNGEN:
a) Temperieren Sie die gesamte weiße Schokolade mit der hier beschriebenen Methode und stellen Sie sicher, dass Sie gute Laune haben, indem Sie ein Stück Schokolade auf die Arbeitsfläche streichen.
b) Dies sollte innerhalb von 2 Minuten eingestellt werden. Legen Sie 16 Unzen beiseite.
c) Machen Sie die Butter in der Mikrowelle weich und kneten Sie sie dann in einem Backpapierkissen (siehe hier), bis die Butter warm ist und die Konsistenz einer Gesichtscreme hat.
d) Mischen Sie die Butter mit 10 Unzen temperierter Schokolade, bis die Mischung gut vermischt ist und seidig aussieht.
e) Die restlichen Zutaten hinzufügen und gut verrühren.
f) Geben Sie die Ganache in 2,5 cm große quadratische Formen.
g) Zum Aushärten auf der Theke stehen lassen oder 20 Minuten in den Kühlschrank stellen.
h) Sie sind bereit zum Dippen, wenn die Ganache sauber aus der Form kommt.

i) Tauchen Sie die Trüffel mit einer zweizinkigen Dipgabel in die restlichen 16 Unzen temperierte weiße Schokolade.

j) Zum Dekorieren rosa-gelbe Kakaobutter auf jeden Trüffel geben und dann den nächsten darin eintauchen.

k) Lassen Sie es 10 bis 20 Minuten lang an einem kühlen Ort aushärten, bevor Sie das Transferblatt abnehmen.

l) Bis zu 3 Wochen bei Raumtemperatur an einem dunklen Ort ohne Gerüche und Hitze lagern.

NACHTISCH

22. Zitronenspiegelglasur-Macarons

ZUTATEN:
FÜR DIE MACARON-SCHALEN:
- 1 Tasse Mandelmehl
- 1 Tasse Puderzucker
- 2 große Eiweiße, zimmerwarm
- ¼ Tasse Kristallzucker
- Schale von 1 Zitrone
- Gelbe Gel-Lebensmittelfarbe (optional)

FÜR DIE LEMON CURD-FÜLLUNG:
- Saft von 2 Zitronen
- Schale von 1 Zitrone
- ½ Tasse Kristallzucker
- 2 große Eier
- 4 Esslöffel (56 g) ungesalzene Butter, gewürfelt

FÜR DIE ZITRONENSPIEGELGLASUR:
- ½ Tasse Wasser
- 1 Tasse Kristallzucker
- ½ Tasse leichter Maissirup
- ½ Tasse (60 g) ungesüßter Zitronensaft
- 2 Esslöffel Gelatinepulver
- Gelbe Gel-Lebensmittelfarbe (optional)

ANWEISUNGEN:
HERSTELLUNG DER MACARON-SCHALEN:
a) Zwei Backbleche mit Backpapier oder Silikonbackmatten auslegen.

b) In einer Küchenmaschine Mandelmehl und Puderzucker vermischen. Pulsieren, bis alles gut vermischt ist und eine feine Konsistenz hat. In eine große Rührschüssel umfüllen.

c) In einer anderen Rührschüssel das Eiweiß schaumig schlagen. Den Kristallzucker nach und nach hinzufügen und dabei weiter schlagen. Schlagen, bis sich steife Spitzen bilden. Fügen Sie optional ein paar Tropfen gelbe Gel-Lebensmittelfarbe und Zitronenschale hinzu und verrühren Sie alles, bis es gleichmäßig verteilt ist.

d) Die Mandelmehlmischung mit einem Spatel vorsichtig unter die Eiweißmischung heben. Unterheben, bis der Teig glatt ist und eine bandartige Konsistenz hat. Achten Sie darauf, nicht zu viel zu mischen.

e) Geben Sie den Macaron-Teig in einen Spritzbeutel mit runder Spitze.

f) Spritzen Sie kleine Kreise (ca. 2,5 cm Durchmesser) auf die vorbereiteten Backbleche und lassen Sie dazwischen Platz. Klopfen Sie die Backbleche auf die Arbeitsfläche, um eventuelle Luftblasen zu entfernen.

g) Lassen Sie die gespritzten Macarons etwa 30 Minuten bei Zimmertemperatur ruhen, bis sich auf der Oberfläche eine Haut bildet. Dieser Schritt ist entscheidend für eine glatte Schale.

h) Während die Macarons ruhen, heizen Sie Ihren Backofen auf 300 °F (150 °C) vor.

i) Backen Sie die Macarons 15 Minuten lang und drehen Sie dabei die Backbleche nach der Hälfte der Zeit.

j) Nehmen Sie die Macarons aus dem Ofen und lassen Sie sie einige Minuten auf den Backblechen abkühlen, bevor Sie sie zum vollständigen Abkühlen auf einen Rost legen.

ZUBEREITUNG DER LEMON CURD-FÜLLUNG:

k) In einem Topf Zitronensaft, Zitronenschale, Kristallzucker und Eier vermischen. Bei mittlerer Hitze verrühren, bis die Mischung eindickt, etwa 5-7 Minuten.

l) Den Topf vom Herd nehmen und die gewürfelte Butter einrühren, bis sie vollständig eingearbeitet ist.

m) Geben Sie den Zitronenquark in eine Schüssel, decken Sie ihn mit Plastikfolie ab (berühren Sie die Oberfläche direkt, damit sich keine Haut bildet) und stellen Sie ihn etwa eine Stunde lang in den Kühlschrank, bis er kalt und fest ist.

ZUBEREITUNG DER MACARONS:
n) Ordnen Sie die Macaron-Schalen in Paaren gleicher Größe zu.
o) Füllen Sie einen Spritzbeutel mit der Lemon Curd-Füllung und spritzen Sie von jedem Paar eine kleine Menge auf eine Macaron-Schale.
p) Drücken Sie die zweite Schale vorsichtig darauf, sodass ein Sandwich entsteht. Mit den restlichen Macarons wiederholen.
q) Herstellung der Zitronenspiegelglasur:
r) In einer kleinen Schüssel Gelatinepulver mit 2 Esslöffeln kaltem Wasser vermischen. Lassen Sie es einige Minuten lang blühen.
s) In einem Topf Wasser, Kristallzucker und Maissirup vermischen. Bei mittlerer Hitze unter ständigem Rühren zum Kochen bringen, bis sich der Zucker aufgelöst hat.
t) Nehmen Sie die Mischung vom Herd, fügen Sie Zitronensaft hinzu und verrühren Sie alles.
u) Geben Sie die aufgeblühte Gelatine zur Zitronenmischung und rühren Sie, bis sich die Gelatine vollständig aufgelöst hat.
v) Fügen Sie bei Bedarf ein paar Tropfen gelbe Gel-Lebensmittelfarbe hinzu, um eine lebendige Zitronenfarbe zu erhalten.

Glasieren der Macarons:

w) Legen Sie einen Rost über ein Backblech, um überschüssige Glasur aufzufangen.

x) Halten Sie jeden Macaron an der Oberseite und tauchen Sie die Unterseite vorsichtig in die Zitronenspiegelglasur. Lassen Sie die überschüssige Glasur abtropfen.

y) Legen Sie die glasierten Macarons auf den Rost und lassen Sie sie etwa 30 Minuten lang fest werden, bis die Glasur fest ist.

z) Bewahren Sie die Zitronen-Spiegelglasur-Macarons in einem luftdichten Behälter bis zu drei Tage im Kühlschrank auf. Genießen Sie Ihre köstlichen Zitronen-Leckereien!

23. Pistazien-Zitronen-Eclairs

ZUTATEN:
FÜR KANDIERTE ZITRONEN (OPTIONAL):
- 10 Sunquats (Mini-Zitronen)
- 2 Tassen Wasser
- 2 Tassen Zucker

FÜR PISTAZIENPASTE:
- 60 g ungeschälte Pistazien (nicht geröstet)
- 10 g Traubenkernöl

FÜR PISTAZIEN-ZITRONEN-MOUSSELINE-CREME:
- 500 g Milch
- Schale von 2 Zitronen
- 120 g Eigelb
- 120 g Zucker
- 40 g Maisstärke
- 30 g Pistazienpaste (oder 45 g, wenn Sie sie im Laden gekauft haben)
- 120 g weiche Butter (in Würfel geschnitten)

FÜR PISTAZIEN-MARZIPAN:
- 200 g Marzipan
- 15 g Pistazienpaste
- Grüne Lebensmittelfarbe (Gel)
- Etwas Puderzucker

FÜR Brandteig:
- 125 g Butter
- 125 g Milch
- 125 g Wasser
- 5 g Zucker
- 5 g Salz
- 140 g Mehl
- 220 g Eier

FÜR GLASUR:

- 200 g Nappage Neutre (neutrale Gelee-Glasur)
- 100 g Wasser
- Grüne Lebensmittelfarbe (Gel)

ZUR DEKO:
- Gemahlene Pistazien

ANWEISUNGEN:

KANDIERTE ZITRONEN (OPTIONAL):

a) Bereiten Sie ein Eisbad vor (einen Topf mit Wasser und Eis) und stellen Sie es beiseite.

b) Schneiden Sie mit einem scharfen Messer dünne Zitronenscheiben ab. Entsorgen Sie die Samen.

c) In einem anderen Topf Wasser zum Kochen bringen. Vom Herd nehmen und die Zitronenscheiben sofort in das heiße Wasser geben. Mischen, bis die Scheiben weich werden (etwa eine Minute).

d) Gießen Sie das heiße Wasser durch ein Sieb ab und legen Sie die Zitronenscheiben für eine Sekunde in das Eisbad. Eiswasser mithilfe des Siebs abgießen.

e) In einem großen Topf bei starker Hitze Wasser und Zucker vermischen. Mischen, bis der Zucker schmilzt, dann zum Kochen bringen.

f) Reduzieren Sie die Hitze auf mittlere Stufe und legen Sie die Zitronenscheiben mit einer Zange ins Wasser, sodass sie schwimmen. Bei schwacher Hitze kochen, bis die Schwarte transparent wird, etwa $1\frac{1}{2}$ Stunden.

g) Nehmen Sie die Zitronen mit einer Zange heraus und legen Sie sie auf ein Kühlregal. Legen Sie ein Stück Backpapier unter das Abkühlgitter, um eventuell von den Zitronenscheiben tropfenden Sirup aufzufangen.

PISTAZIENPASTE:

h) Den Backofen auf 160 °C (320 °F) vorheizen.
i) Die Pistazien auf einem Backblech etwa 7 Minuten rösten, bis sie leicht braun werden. Lassen Sie sie abkühlen.
j) Mahlen Sie die abgekühlten Pistazien in einer kleinen Küchenmaschine zu Pulver. Das Öl hinzufügen und erneut vermahlen, bis eine Paste entsteht. Bewahren Sie es bis zur Verwendung im Kühlschrank auf.
k) Pistazien-Zitronen-Mousseline-Creme:
l) Bringen Sie die Milch zum Kochen. Den Herd ausschalten, Zitronenschale hinzufügen, abdecken und 10 Minuten ruhen lassen.
m) In einer Schüssel Eigelb und Zucker vermischen. Sofort verquirlen, dann Maisstärke hinzufügen und erneut verquirlen.
n) Unter Rühren die warme Milch hinzufügen. Gießen Sie die Mischung durch ein Sieb in einen sauberen Topf und entfernen Sie die im Sieb verbleibende Zitronenschale.
o) Bei mittlerer Hitze erhitzen und verquirlen, bis die Mischung eindickt und cremig wird. Vom Herd nehmen.
p) Geben Sie die Sahne in die Schüssel mit der Pistazienpaste. Schneebesen, bis alles gleichmäßig ist. Mit Plastikfolie abdecken, damit sich keine Kruste bildet, und im Kühlschrank aufbewahren.
q) Wenn die Sahne 40 °C (104 °F) erreicht hat, nach und nach die weiche Butter hinzufügen und gut verrühren. Mit Plastikfolie abdecken und im Kühlschrank aufbewahren.
BRANDTEIG:
r) Mehl sieben und beiseite stellen.

s) In einen Topf Butter, Milch, Wasser, Zucker und Salz geben. Auf mittlerer bis hoher Stufe erhitzen, bis die Butter schmilzt und die Mischung zum Kochen kommt.
t) Vom Herd nehmen, sofort das Mehl auf einmal hinzufügen und gut vermischen, bis eine gleichmäßige Masse entsteht, die an Kartoffelpüree erinnert. Das ist die Panade-Mischung.
u) Trocknen Sie die Panade etwa eine Minute lang bei schwacher Hitze und rühren Sie dabei mit einem Spatel um, bis sie sich vom Topfrand löst und erstarrt.
v) Geben Sie die Panade in eine Rührschüssel und kühlen Sie sie leicht ab. Schlagen Sie die Eier in einer separaten Schüssel auf und geben Sie sie nach und nach in den Mixer. Warten Sie, bis sich jede Zugabe vermischt hat, bevor Sie weitere hinzufügen.
w) Bei niedriger bis mittlerer Geschwindigkeit mischen, bis der Teig glatt, glänzend und stabil ist.
x) Den Backofen auf 250 °C (480 °F) vorheizen. Decken Sie ein Backblech mit Backpapier oder einer dünnen Schicht Butter ab.
y) 12 cm lange Teigstreifen auf das Blech spritzen. Während des Backens die Backofentür nicht öffnen.
z) Öffnen Sie nach 15 Minuten die Backofentür leicht (ca. 1 cm), um den Dampf entweichen zu lassen. Schließen Sie es und stellen Sie die Temperatur auf 170 °C (340 °F) ein. 20-25 Minuten backen, bis die Eclairs braun sind.
aa) Mit dem restlichen Teig wiederholen.

PISTAZIEN-MARZIPAN:
bb) Das Marzipan in Würfel schneiden und mit einem Flachrührer verrühren, bis es weich und gleichmäßig ist.

Pistazienpaste und grüne Lebensmittelfarbe (falls gewünscht) hinzufügen und verrühren, bis eine gleichmäßige Masse entsteht.

cc) Das Marzipan 2 mm dick ausrollen und passend zu den Eclairs in Streifen schneiden.

MONTAGE:

dd) Schneiden Sie zwei kleine Löcher in den Boden jedes Eclairs.

ee) Füllen Sie jedes Eclair durch die Löcher mit der Pistazien-Zitronen-Creme.

ff) Eine Seite jedes Marzipanstreifens mit etwas Glasur bestreichen und auf die Eclairs kleben.

gg) Tauchen Sie jedes Eclair in die Glasur und lassen Sie die überschüssige Glasur abtropfen.

hh) Mit kandierten Zitronenscheiben oder gehackten Pistazien dekorieren.

ii) Bis zum Servieren kühl stellen.

24. Goji-, Pistazien- und Zitronentarte

ZUTATEN:
FÜR DIE ROHE VEGANE PISTAZIENKRUSTE:
- 1½ Tassen Mandelmehl oder Mandelmehl
- ½ Tasse Pistazien
- 3 Termine
- 1½ Esslöffel Kokosöl
- ½ Teelöffel gemahlenes Kardamompulver
- ⅛ Teelöffel Salz

FÜLLUNG:
- 1½ Tassen Kokoscreme
- 1 Tasse Zitronensaft
- 1 Esslöffel Maisstärke
- 2 Teelöffel Agar-Agar
- ¼ Tasse Ahornsirup
- ½ Teelöffel gemahlenes Kurkumapulver
- 1 Teelöffel Vanilleextrakt
- ½ Teelöffel Goji-Extrakt

BELAGS:
- eine Handvoll Goji-Beeren
- Drachenfrucht
- essbare Blumen
- Schokoladenherzen

ANWEISUNGEN:
TART SHELL
a) Mandelmehl und Pistazien in einer Küchenmaschine/einem Mixer zu feinen Krümeln vermischen.

b) Die restlichen Krustenzutaten hinzufügen und gut vermischen, bis eine gleichmäßige, klebrige Masse entsteht.

c) Geben Sie den Krustenteig in eine Tarteform und verteilen Sie ihn gleichmäßig auf dem Boden.
d) Im Kühlschrank abkühlen lassen, während Sie die Füllung vorbereiten.

FÜLLUNG

e) Die Kokoscreme in einem mittelgroßen Topf erhitzen und gut umrühren, bis sie glatt und gleichmäßig ist.
f) Fügen Sie die restlichen Zutaten für die Füllung hinzu, einschließlich Maisstärke und Agar-Agar.
g) Unter ständigem Rühren zum Kochen bringen und einige Minuten kochen lassen, bis es anfängt einzudicken.
h) Wenn die Mischung eindickt, nehmen Sie sie vom Herd und lassen Sie sie 10-15 Minuten abkühlen.
i) Anschließend über die Kruste gießen und vollständig abkühlen lassen.
j) Mindestens ein paar Stunden in den Kühlschrank stellen, bis die Füllung vollständig fest ist.
k) Mit Goji-Beeren, Drachenfruchtbällchen und essbaren Blüten oder mit Ihren Lieblingszutaten dekorieren.

25. Zitronen-Baiser-Pistazien-Torte

ZUTATEN:

- 1 Portion Pistazien-Crunch
- ½ Unze weiße Schokolade geschmolzen
- 1⅓ Tassen Lemon Curd
- 1 Tasse Zucker
- ½ Tasse Wasser
- 3 Eiweiß
- ¼ Tasse Zitronenquark

ANWEISUNGEN:

a) Den Pistazien-Crunch in eine 25 cm große Kuchenform füllen. Drücken Sie den Crunch mit den Fingern und Handflächen fest in die Kuchenform und achten Sie darauf, dass der Boden und die Seiten gleichmäßig bedeckt sind. Während der Füllung beiseite stellen; In Plastik eingewickelt kann die Kruste bis zu 2 Wochen im Kühlschrank aufbewahrt werden.

b) Tragen Sie mit einem Backpinsel eine dünne Schicht weiße Schokolade auf den Boden und die Seiten der Kruste auf. Legen Sie die Kruste für 10 Minuten in den Gefrierschrank, damit die Schokolade fest wird.

c) Geben Sie 1⅓ Tasse Lemon Curd in eine kleine Schüssel und rühren Sie um, um es etwas aufzulockern. Kratzen Sie den Zitronenquark zu einer Kruste und verteilen Sie ihn mit der Rückseite eines Löffels oder Spatels in einer gleichmäßigen Schicht. Legen Sie den Kuchen etwa 10 Minuten lang in den Gefrierschrank, damit die Zitronenquarkschicht fester wird.

d) In der Zwischenzeit den Zucker und das Wasser in einem kleinen Topf mit dickem Boden vermischen und den Zucker vorsichtig im Wasser verteilen, bis er sich wie nasser Sand anfühlt. Stellen Sie den Topf auf mittlere Hitze und erhitzen Sie die Mischung auf 239 °F. Behalten Sie dabei die Temperatur mit einem Schnellanzeige- oder Zuckerthermometer im Auge.

e) Während der Zucker erhitzt wird, geben Sie das Eiweiß in die Schüssel einer Küchenmaschine und schlagen Sie es mit dem Schneebesenaufsatz zu mittelweichen Spitzen auf.

f) Sobald der Zuckersirup eine Temperatur von 100 °C erreicht hat, nehmen Sie ihn vom Herd und gießen Sie ihn vorsichtig in das aufgeschlagene Eiweiß. Achten Sie dabei darauf, den Schneebesen zu vermeiden: Drehen Sie den Mixer vorher auf eine sehr niedrige Geschwindigkeit, es sei denn, Sie möchten eine interessante Verbrennung erzielen Spuren auf deinem Gesicht.

g) Sobald der gesamte Zucker erfolgreich zum Eiweiß hinzugefügt wurde, erhöhen Sie die Geschwindigkeit des Mixers wieder und lassen Sie das Baiser schlagen, bis es auf Raumtemperatur abgekühlt ist.

h) Während das Baiser geschlagen wird, geben Sie $\frac{1}{4}$ Tasse Lemon Curd in eine große Schüssel und rühren Sie mit einem Spatel um, um es etwas aufzulockern.

i) Wenn das Baiser auf Raumtemperatur abgekühlt ist, schalten Sie den Mixer aus, nehmen Sie die Schüssel heraus und heben Sie das Baiser mit dem Spatel unter den Zitronenquark, bis keine weißen Streifen mehr vorhanden sind. Achten Sie dabei darauf, dass das Baiser nicht Luft verliert.

j) Nehmen Sie den Kuchen aus dem Gefrierschrank und geben Sie das Zitronenbaiser auf den Lemon Curd. Mit einem Löffel das Baiser gleichmäßig verteilen und den Lemon Curd vollständig bedecken.

k) Servieren Sie den Kuchen oder bewahren Sie ihn bis zur Verwendung im Gefrierschrank auf. Wenn es fest gefroren ist, ist es fest in Plastikfolie eingewickelt und bis zu 3 Wochen im Gefrierschrank haltbar. Lassen Sie den Kuchen vor dem Servieren über Nacht im Kühlschrank oder mindestens 3 Stunden bei Zimmertemperatur auftauen.

26. Zitronen-Erdbeer-Mousse-Kuchen

ZUTATEN:
- 1 Tasse Allzweckmehl 250 ml
- ⅓ Tasse geröstete Haselnüsse oder Pistazien; fein gehackt
- 2 Esslöffel Kristallzucker 25 ml
- ½ Tasse ungesalzene Butter; In kleine Stücke schneiden, 125 ml
- 1 Eigelb 1
- 1 Esslöffel Zitronensaft 15 ml
- 2 Unzen Selbstgemachter oder handelsüblicher Biskuitkuchen 60 g
- 4 Tassen frische Erdbeeren 1 L
- 1 Umschlag geschmacksneutrale Gelatine 1
- ¼ Tasse Kaltes Wasser 50 ml
- 4 Eigelb 4
- ¾ Tasse Kristallzucker; geteilt 175 ml
- ¾ Tasse Zitronensaft 175 ml
- 1 Esslöffel fein abgeriebene Zitronenschale 15 ml
- 4 Unzen Frischkäse 125 g
- 1¾ Tasse Schlagsahne 425 ml
- Gehackte geröstete Pistazien
- Gesiebter Puderzucker

ANWEISUNGEN:
a) Backofen auf 190 °C vorheizen.
b) Für den Teig Mehl mit Nüssen und Kristallzucker in einer großen Schüssel vermischen. Butter hineinschneiden, bis sie in winzige Stücke zerfällt.
c) Eigelb mit Zitronensaft verrühren. Die Mehlmischung darüberstreuen und den Teig zu einer Kugel formen. Rollen

oder drücken Sie den Teig so, dass er auf den Boden einer 23 oder 25 cm großen Springform passt.

d) 20 bis 25 Minuten backen oder bis es leicht gebräunt ist. Den Biskuitteig in kleine Stücke brechen und auf den Teig streuen.

e) Acht der besten Erdbeeren für die Toppings reservieren. Übrige Beeren schälen.

f) Schneiden Sie etwa zwölf gleichgroße Beeren in zwei Hälften und legen Sie sie um den Rand der Form herum, wobei die geschnittene Seite der Beeren gegen den Rand gedrückt wird. Ordnen Sie die restlichen Beeren so an, dass sie mit den Spitzen nach oben in die Pfanne passen.

g) Für die Füllung Gelatine über kaltes Wasser in einem kleinen Topf streuen.

h) 5 Minuten einweichen lassen. Vorsichtig erhitzen, bis es sich aufgelöst hat.

i) In einem mittelgroßen Topf 4 Eigelb mit $\frac{1}{2}$ Tasse/125 ml Kristallzucker hell schlagen. Zitronensaft unterrühren und schälen. Unter ständigem Rühren kochen, bis die Mischung eindickt und zum Kochen kommt. Aufgelöste Gelatine einrühren. Cool.

j) In einer großen Schüssel Frischkäse mit der restlichen $\frac{1}{4}$ Tasse/50 ml Kristallzucker verrühren. Kühle Zitronencreme unterrühren.

k) In einer separaten Schüssel Schlagsahne schlagen, bis sie hell ist. Unter die Zitronencreme heben.

l) Über die Beeren gießen. Schütteln Sie die Pfanne vorsichtig, sodass die Zitronenmischung zwischen die Beeren fällt und eine gleichmäßige Oberfläche bildet. 3 bis 4 Stunden lang oder bis es fest ist im Kühlschrank lagern.

m) Führen Sie ein Messer um den Rand der Pfanne und entfernen Sie die Ränder.

n) Kuchen auf eine Servierplatte legen. (Entfernen Sie den Springformboden nur, wenn er sich leicht lösen lässt.) Legen Sie 2,5 cm lange Wachspapierstreifen auf den Kuchen und lassen Sie dazwischen Freiräume.

o) Zwischenräume mit Pistazien bestreuen. Entfernen Sie das Papier vorsichtig. Die Schalen der reservierten Beeren belassen und diese halbieren. Ordnen Sie die Beeren in Reihen entlang leerer Streifen an. Mit Puderzucker bestäuben.

p) Bis zum Servieren kühl stellen.

27. Zitronen-Kirsch-Nuss-Mousse

ZUTATEN:

- ½ Tasse ganze natürliche Mandeln
- 1 Umschlag geschmacksneutrale Gelatine
- 3 Esslöffel Zitronensaft
- 1 Tasse Kristallzucker; geteilt
- 1 Dose (12 Unzen) Kondensmilch
- 1 Dose (21 Unzen) Kirschkuchenfüllung und Belag
- 2 Teelöffel geriebene Zitronenschale
- ¼ Teelöffel Mandelextrakt
- 4 Eiweiß

ANWEISUNGEN:

a) Mandeln in einer einzigen Schicht auf einem Backblech verteilen. In einem auf 350 Grad vorgeheizten Ofen 12-15 Minuten unter gelegentlichem Rühren backen, bis es leicht geröstet ist. Abkühlen lassen und fein hacken.
b) Streuen Sie Gelatine über 3 Esslöffel Wasser in einen kleinen, schweren Topf. 2 Minuten stehen lassen, bis die Gelatine Wasser aufgenommen hat.
c) Zitronensaft und ½ Tasse Zucker einrühren; Rühren Sie die Mischung bei schwacher Hitze, bis sich Gelatine und Zucker vollständig aufgelöst haben und die Flüssigkeit klar ist.
d) Kondensmilch in eine große Rührschüssel gießen; Kirschkuchenfüllung, Zitronenschale und Mandelextrakt unterrühren. Die gelöste Gelatinemischung einrühren und gründlich vermischen.
e) Kühlen, bis die Mischung dick ist und eine puddingartige Konsistenz hat.
f) Eiweiß schlagen, bis es hell und schaumig ist. Nach und nach den restlichen Zucker hinzufügen.

g) Weiter schlagen, bis eine steife Baisermasse entsteht. Baiser unter die Kirschmischung heben. Gehackte Mandeln vorsichtig unterheben.

h) Mousse in 8 Servierschüsseln verteilen. Vor dem Servieren abdecken und mindestens 2 Stunden oder über Nacht kalt stellen.

28. Zitroneneistorte mit Rhabarbersauce

ZUTATEN:
FÜR DIE KRUSTE:
- 3 Tassen blanchierte Mandelblättchen, geröstet (ca. 12 Unzen)
- ½ Tasse) Zucker
- 5 Esslöffel Margarine, geschmolzen
- ¼ Teelöffel gemahlener Zimt
- ⅓ Tasse Erdbeerkonfitüre

FÜR DIE TORTE:
- 3 Pints Zitronen- oder Ananaseis, Sorbet oder Sorbet
- 1 Tasse Zucker
- ½ Tasse Wasser
- 1 Vanilleschote, der Länge nach geteilt

FÜR DIE ERDBEER-RHABARBER-SAUCE:
- 1 20-Unzen-Beutel gefrorener ungesüßter Rhabarber
- 1 20-Unzen-Beutel gefrorene ungesüßte Erdbeeren
- 1 Pint Korb mit frischen Erdbeeren
- Frische Minzzweige (zum Garnieren)

ANWEISUNGEN:
FÜR DIE KRUSTE:
a) In einer Küchenmaschine die gerösteten Mandelblättchen und den Zucker vermischen. Fein zerkleinert verarbeiten.

b) Übertragen Sie die Mandel-Zucker-Mischung in eine mittelgroße Schüssel.

c) Die geschmolzene Margarine und den gemahlenen Zimt unter die Mandelmischung mischen, bis alles gut vermischt ist.

d) Übertragen Sie die Mandelmischung in eine Springform mit 9 Zoll Durchmesser. Verwenden Sie Plastikfolie, um die

Mandelmischung 5 cm an den Seiten fest und gleichmäßig über den Boden der Pfanne zu drücken. Die Kruste 15 Minuten lang einfrieren.

e) Heizen Sie Ihren Backofen auf 350 °F (175 °C) vor. Stellen Sie die Pfanne mit der Kruste auf ein Backblech und backen Sie sie 20 Minuten lang oder bis die Kruste fest und leicht golden ist. Sollten die Krustenränder beim Backen verrutschen, drücken Sie sie mit der Rückseite einer Gabel wieder fest.

f) Stellen Sie die Pfanne auf ein Gestell und lassen Sie die Kruste vollständig abkühlen.

g) Die Erdbeerkonfitüre in einem schweren kleinen Topf schmelzen. Gießen Sie die geschmolzene Konfitüre in den abgekühlten Boden und verteilen Sie ihn so, dass der Boden bedeckt ist. Lass es abkühlen.

FÜR DIE TORTE:

h) Das Zitronen- oder Ananaseis, das Sorbet oder das Sorbet ganz leicht einweichen und in der Pfanne auf der Kruste verteilen. Einfrieren, bis es fest ist. Sie können diesen Schritt einen Tag im Voraus vorbereiten; einfach abdecken und einfrieren.

FÜR DIE ERDBEER-RHABARBER-SAUCE:

i) In einem schweren mittelgroßen Topf ½ Tasse Zucker und ½ Tasse Wasser vermischen. Kratzen Sie das Mark von der Vanilleschote ab und geben Sie es zusammen mit der gespaltenen Vanilleschote in den Topf. 5 Minuten köcheln lassen.

j) Geben Sie die restliche halbe Tasse Zucker hinzu und rühren Sie um, bis er sich auflöst.

k) Den Rhabarber in den Topf geben. Zum Kochen bringen, dann die Hitze reduzieren, abdecken und köcheln lassen,

bis der Rhabarber weich ist. Dies sollte etwa 8 Minuten dauern.
l) Die gefrorenen Erdbeeren in den Topf geben und zum Kochen bringen. Lassen Sie die Soße abkühlen. Abdecken und im Kühlschrank aufbewahren, bis es gut gekühlt ist. Dieser Schritt kann auch einen Tag im Voraus vorbereitet werden.
m) Entfernen Sie die Vanilleschote aus der Soße.

MONTAGE:
n) Mit einem kleinen scharfen Messer zwischen der Kruste und den Seiten der Pfanne einschneiden. Entfernen Sie die Pfannenwände.
o) Eine halbe Tasse Erdbeer-Rhabarber-Sauce in die Mitte der Torte geben.
p) Frische Erdbeeren in der Mitte anhäufen und mit frischen Minzzweigen garnieren.
q) Die Torte in Scheiben schneiden und mit zusätzlicher Soße servieren.
r) Genießen Sie Ihre köstliche Zitronen-Eis-Torte mit Erdbeer-Rhabarber-Sauce! Es ist ein erfrischendes und elegantes Dessert.

29. Zitronen-Rhabarber-Wolkenpudding

ZUTATEN:
- 1 ¼ Tassen Zucker
- ¼ Tasse Maisstärke
- ¼ Teelöffel Salz
- 1 ¼ Tassen Wasser
- 4 große Eier
- 1 Tasse gehackter frischer oder gefrorener Rhabarber
- 1 Esslöffel geriebene Zitronenschale
- ⅓ Tasse Zitronensaft
- ¼ Teelöffel Weinstein

ANWEISUNGEN:
a) In einem 2-Liter-Topf ¼ Tasse Zucker, Maisstärke und Salz vermischen. Rühren Sie das Wasser nach und nach mit einem Schneebesen ein, bis die Maisstärke gleichmäßig im Wasser verteilt ist.
b) Die Mischung bei mittlerer Hitze unter ständigem Rühren erhitzen, bis sie kocht und zu einer puddingähnlichen Konsistenz eindickt. Den Pudding vom Herd nehmen.
c) Trennen Sie die Eier und geben Sie das Eiweiß in eine mittelgroße Schüssel und das Eigelb in eine kleine Schüssel. Das Eigelb leicht schlagen und etwas Pudding unterrühren. Geben Sie dann die Eigelbmischung wieder in den Topf mit dem Pudding und rühren Sie, bis alles gut vermischt ist. Den gehackten Rhabarber unterheben.
d) Stellen Sie die Mischung wieder auf mittlere Hitze und erhitzen Sie sie unter ständigem Rühren zum Sieden. Reduzieren Sie die Hitze auf eine niedrige Stufe und kochen Sie unter gelegentlichem Rühren weiter, bis der Rhabarber weich wird. Dies sollte etwa 5 Minuten dauern.

e) Den Pudding vom Herd nehmen. Die abgeriebene Zitronenschale und den Zitronensaft unterrühren. Gießen Sie den Pudding in eine flache ofenfeste Schüssel oder Auflaufform mit 1,5 Liter Fassungsvermögen.
f) Heizen Sie Ihren Backofen auf 350 °F (175 °C) vor.
g) Das beiseite gestellte Eiweiß und die Weinsteincreme mit einem Elektromixer auf höchster Stufe schlagen, bis eine lockere Masse entsteht.
h) Nach und nach die restliche halbe Tasse Zucker unterrühren, bis eine steife Baisermasse entsteht und die Spitzen ihre Form behalten, wenn der Rührbesen langsam angehoben wird.
i) Verteilen Sie das Baiser auf dem Pudding und achten Sie darauf, dass es am Schüsselrand anliegt. Sie können auf dem Baiser dekorative Spitzen formen.
j) Im vorgeheizten Ofen 12 bis 15 Minuten backen oder bis das Baiser goldbraun ist.
k) Sie können den Pudding warm servieren oder ihn auf Zimmertemperatur abkühlen lassen und ihn dann in den Kühlschrank stellen, um ihn kalt zu servieren.
l) Genießen Sie Ihren köstlichen Zitronen-Rhabarber-Wolkenpudding! Es ist ein köstliches Dessert mit einer perfekten Balance aus süßen und würzigen Aromen.

30. Rhabarber-Zitronen-Tofu-Kuchen

ZUTATEN:
- 5 Stangen Rhabarber, gewaschen,
- 1 Granny-Smith-Apfel, geschält
- Dutzend große Erdbeeren
- 6 Unzen fester (fettreduzierter) Tofu
- Saft einer halben Zitrone
- $\frac{1}{4}$ Tasse + 2 T Zucker
- 2 Esslöffel Vollkornmehl
- 2 Teelöffel Zucker + 2 t Vollkorn
- Mehl

ANWEISUNGEN:
a) In einen Reiskocher etwas Wasser und die gehackten Rhabarberstiele geben. Zugedeckt mehrere Minuten garen. Den gewürfelten Apfel, die Erdbeeren und $\frac{1}{4}$ c Zucker hinzufügen

b) Den Tofu in einer Küchenmaschine oder einem Zerkleinerer pürieren, bis er sehr glatt ist. Zitronensaft, 2 T Zucker und 2 T Vollkornmehl hinzufügen und alles gut verrühren.

c) Eine 8-Zoll-Kuchenform mit Öl auslegen und mit einer Mischung aus Zucker und Vollkornmehl (jeweils etwa 2 t) bestreuen. Die Tofu-Mischung in der Kuchenform verteilen. Bei 200 °C einige Minuten backen.

d) Die Rhabarbermischung in ein feines Sieb gießen und den Saft abtropfen lassen. Die restliche Rhabarbermischung über den gebackenen Zitronentofu gießen.

31. Zitronensorbet

ZUTATEN:
- 1 Tasse frisch gepresster Zitronensaft
- 1 Tasse Wasser
- 1 Tasse Kristallzucker

ANWEISUNGEN:
a) In einem Topf Wasser und Zucker vermischen. Bei mittlerer Hitze erhitzen, bis sich der Zucker vollständig aufgelöst hat und ein einfacher Sirup entsteht.
b) Lassen Sie den einfachen Sirup auf Raumtemperatur abkühlen.
c) Den frisch gepressten Zitronensaft mit dem Zuckersirup vermischen.
d) Gießen Sie die Mischung in eine Eismaschine und rühren Sie sie gemäß den Anweisungen des Herstellers um.
e) Geben Sie das Zitronensorbet in einen luftdichten Behälter und frieren Sie es einige Stunden lang ein, bis es fest ist.
f) Servieren Sie zwischen den Gängen eine kleine Kugel Zitronensorbet, um den Gaumen zu reinigen.

32. Mini-Zitronen-Törtchen

ZUTATEN:
FÜR DIE TARTARTEN:
- 1 $\frac{1}{4}$ Tassen Allzweckmehl
- $\frac{1}{4}$ Tasse Puderzucker
- $\frac{1}{2}$ Tasse ungesalzene Butter, kalt und gewürfelt

FÜR DIE ZITRONENFÜLLUNG:
- $\frac{3}{4}$ Tasse Kristallzucker
- 2 Esslöffel Maisstärke
- $\frac{1}{4}$ Teelöffel Salz
- 3 große Eier
- $\frac{1}{2}$ Tasse frisch gepresster Zitronensaft
- Schale von 2 Zitronen
- $\frac{1}{4}$ Tasse ungesalzene Butter, gewürfelt

ANWEISUNGEN:
a) Mehl und Puderzucker in einer Küchenmaschine vermischen. Fügen Sie die kalte, gewürfelte Butter hinzu und pulsieren Sie, bis die Mischung groben Krümeln ähnelt.

b) Drücken Sie die Mischung in Mini-Törtchenformen und bedecken Sie den Boden und die Seiten gleichmäßig. Den Boden mit einer Gabel einstechen.

c) Die Tortenböden etwa 30 Minuten im Kühlschrank kalt stellen.

d) Heizen Sie Ihren Backofen auf 350 °F (175 °C) vor.

e) Backen Sie die Tortenböden 12-15 Minuten lang oder bis sie goldbraun werden. Lassen Sie sie vollständig abkühlen.

f) In einem Topf Zucker, Maisstärke und Salz verrühren. Eier, Zitronensaft und Zitronenschale nach und nach unterrühren.

g) Kochen Sie die Mischung bei mittlerer bis niedriger Hitze unter ständigem Rühren, bis sie eindickt, etwa 5-7 Minuten.

h) Vom Herd nehmen und die gewürfelte Butter einrühren, bis eine glatte Masse entsteht.

i) Die abgekühlten Tortenböden mit der Zitronenfüllung füllen.

j) Vor dem Servieren mindestens 1 Stunde im Kühlschrank lagern. Vor dem Servieren optional mit Puderzucker bestäuben.

k) Genießen Sie Ihre Mini-Zitronen-Törtchen!

33. Zitronen-Baiser-Kuchen-Parfaits

ZUTATEN:
- 4 große Eiweiße
- 1 Tasse Kristallzucker
- 1 Teelöffel Maisstärke
- 1 Teelöffel Vanilleextrakt
- 1 ½ Tassen Zitronenquark
- 1 ½ Tassen Schlagsahne
- Zitronenschale zum Garnieren

ANWEISUNGEN:
a) In einer sauberen Rührschüssel das Eiweiß auf höchster Stufe schlagen, bis sich weiche Spitzen bilden.
b) Den Zucker nach und nach hinzufügen und dabei weiter schlagen, bis sich steife, glänzende Spitzen bilden.
c) Maisstärke und Vanilleextrakt vorsichtig unterheben.
d) Die Baisermischung in einen Spritzbeutel mit Sterntülle füllen.
e) In Serviergläsern oder Schüsseln Zitronenquark, Schlagsahne und Baiser schichten.
f) Wiederholen Sie die Schichten, bis die Gläser gefüllt sind, und schließen Sie mit einer Schicht Baiser darauf ab.
g) Optional: Mit einem Küchenbrenner das Baiser leicht bräunen.
h) Mit Zitronenschale garnieren.
i) Sofort servieren oder bis zum Servieren im Kühlschrank aufbewahren.
j) Genießen Sie Ihre Zitronen-Baiser-Torte-Parfaits!

34. Zitronen-Lavendel-Flan

ZUTATEN:
- 1 Tasse Zucker
- 1 ½ Tassen Sahne
- ½ Tasse Vollmilch
- 6 große Eier
- ¼ Teelöffel Salz
- ¼ Tasse frischer Zitronensaft
- 1 Esslöffel Zitronenschale
- 2 Teelöffel getrocknete Lavendelblüten
- Schlagsahne und zusätzliche Lavendelblüten zum Servieren

ANWEISUNGEN:
a) Heizen Sie den Ofen auf 325 °F vor.
b) In einem mittelgroßen Topf den Zucker bei mittlerer Hitze unter ständigem Rühren erhitzen, bis er schmilzt und goldbraun wird.
c) Gießen Sie den geschmolzenen Zucker in eine 9-Zoll-Kuchenform und schwenken Sie ihn, um den Boden und die Seiten der Form zu bedecken.
d) In einem kleinen Topf Sahne, Vollmilch, Zitronensaft, Zitronenschale und Lavendelblüten bei mittlerer Hitze unter ständigem Rühren erhitzen, bis es leicht köchelt.
e) In einer separaten Schüssel Eier und Salz verquirlen.
f) Gießen Sie die heiße Sahnemischung langsam unter ständigem Rühren in die Eimischung.
g) Die Mischung durch ein feinmaschiges Sieb passieren und in die Flanform gießen.
h) Legen Sie die Form in eine große Auflaufform und füllen Sie die Form mit so viel heißem Wasser, dass es bis zur Hälfte des Randes der Form reicht.

i) 50-60 Minuten backen oder bis der Flan fest ist und beim Schütteln leicht wackelt.

j) Aus dem Ofen nehmen und auf Raumtemperatur abkühlen lassen, bevor es für mindestens 2 Stunden oder über Nacht in den Kühlschrank gestellt wird.

k) Führen Sie zum Servieren ein Messer um die Ränder der Form herum und stürzen Sie sie auf eine Servierplatte. Mit Schlagsahne und einer Prise Lavendelblüten servieren.

35. Zitronen-Zabaglione

ZUTATEN:

- 2 große Eier
- 6 große Eigelb
- 1 Tasse Zucker
- 1 Esslöffel abgeriebene Zitronenschale
- ¼ Tasse frischer Zitronensaft
- ½ Tasse süßer Madeira-, Cream-Sherry- oder Ruby-Port

ANWEISUNGEN:

a) Im oberen Teil eines Wasserbades die ganzen Eier, Eigelb und Zucker vermischen. Die Mischung verquirlen, bis sie leicht und dick wird.

b) Fügen Sie der Eimischung die abgeriebene Zitronenschale, frischen Zitronensaft und süßen Madeira-, Sahne-Sherry- oder Ruby-Portwein Ihrer Wahl hinzu.

c) Stellen Sie den Wasserbad über das kochende Wasser und achten Sie darauf, dass der Boden des Eiermischungsbehälters das kochende Wasser nicht berührt.

d) Weiter schlagen und die Mischung über das siedende Wasser schlagen, bis sich ihr Volumen verdreifacht und sie sich heiß anfühlt. Dies sollte einige Minuten dauern.

e) Sobald die Zabaglione dicker geworden ist und an Volumen zugenommen hat, nehmen Sie sie vom Herd.

f) Verteilen Sie die Zitronen-Zabaglione auf Gläser mit hohem Stiel.

g) Sofort servieren, um die köstliche zitronige Köstlichkeit zu genießen.

36. Meyer-Zitronen-Upside-Down-Kuchen

ZUTATEN:

- ¼ Tasse (57 Gramm) ungesalzene Butter
- ¾ Tasse (165 Gramm) verpackter hellbrauner Zucker
- 3 Meyer-Zitronen, in ¼ Zoll dicke Scheiben geschnitten
- 1 ½ Tassen (195 Gramm) Allzweckmehl
- 1 ½ Teelöffel Backpulver
- ¼ Teelöffel Backpulver
- ½ Teelöffel koscheres Salz
- ¼ Teelöffel frisch gemahlene Muskatnuss
- ½ Teelöffel gemahlener Ingwer
- ¼ Teelöffel gemahlener Kardamom
- 1 Tasse (200 Gramm) Kristallzucker
- 2 Teelöffel Zitronenschale
- ½ Tasse (114 Gramm) ungesalzene Butter, Zimmertemperatur
- 2 Teelöffel Vanilleextrakt
- 2 große Eier, Zimmertemperatur
- ¾ Tasse Buttermilch

ANWEISUNGEN:

a) Heizen Sie den Ofen auf 175 Grad Celsius vor. Stellen Sie die runde 9-Zoll-Kuchenform mit ¼ Tasse in Stücke geschnittener Butter in den Ofen. Die Butter in der Pfanne schmelzen, bis sie gerade geschmolzen ist. Streichen Sie die geschmolzene Butter mit einem Backpinsel an den Seiten der Pfanne. Streuen Sie den verpackten hellbraunen Zucker gleichmäßig über die geschmolzene Butter.

b) Legen Sie die Meyer-Zitronenscheiben auf den braunen Zucker und überlappen Sie sie nach Bedarf.

c) In einer mittelgroßen Schüssel Allzweckmehl, Backpulver, Natron, koscheres Salz, frisch gemahlene Muskatnuss, gemahlenen Ingwer und gemahlenen Kardamom verrühren, bis alles gut vermischt ist.

d) Geben Sie den Kristallzucker in die Schüssel einer Küchenmaschine. Geben Sie die Zitronenschale auf den Zucker und reiben Sie die Schale mit den Fingern in den Zucker. Geben Sie die zimmerwarme, ungesalzene Butter und den Vanilleextrakt zum Zucker hinzu. Schlagen Sie die Mischung bei mittlerer Geschwindigkeit etwa 3 bis 4 Minuten lang, bis sie leicht und locker ist.

e) Fügen Sie die Eier einzeln hinzu und schlagen Sie nach jeder Zugabe gut durch.

f) Die Hälfte der Mehlmischung zur Butter-Zucker-Mischung geben. Bei niedriger Geschwindigkeit mischen, bis alles gut vermischt ist. Möglicherweise befindet sich etwas Mehl am Rand der Schüssel, was in Ordnung ist.

g) Die Buttermilch dazugeben und bei mittlerer Geschwindigkeit verrühren, bis alles gut vermischt ist.

h) Die restliche Mehlmischung hinzufügen und bei niedriger Geschwindigkeit verrühren, bis alles gut vermischt ist. Kratzen Sie die Seiten und den Boden der Schüssel mit einem Spatel ab und mischen Sie weitere 10 Sekunden lang, um sicherzustellen, dass alle Zutaten gut vermischt sind.

i) Gießen Sie den Teig vorsichtig über die Zitronenscheiben in der Kuchenform und glätten Sie die Oberseite mit einem versetzten Spatel.

j) Backen Sie den Kuchen im vorgeheizten Ofen etwa 45 Minuten lang oder bis ein Kuchentester sauber herauskommt, wenn er in die Mitte des Kuchens eingeführt wird.

k) Lassen Sie den Kuchen 10 Minuten in der Form abkühlen. Führen Sie ein Messer an den Rändern entlang, um den Kuchen zu lösen, und stürzen Sie ihn dann auf eine Platte. Die wunderschön karamellisierten Meyer-Zitronenscheiben werden oben auf dem Kuchen liegen.

l) Genießen Sie diesen köstlichen Meyer-Zitronen-Upside-Down-Kuchen mit seinen glitzernden Zitrusjuwelen obendrauf!

37. Zitronentöpfe de Creme

ZUTATEN:

- 2 mittelgroße Zitronen
- ⅔ Tasse Kristallzucker
- 1 Ei
- 4 Eigelb
- 1 ¼ Tassen Sahne
- 5 Teelöffel Puderzucker
- 6 kandierte Veilchen (optional)

ANWEISUNGEN:

a) Heizen Sie den Ofen auf 325 °F (165 °C) vor.
b) Reiben Sie die Schale der Zitronen ab, um etwa 1 Teelöffel Zitronenschale zu erhalten. Drücken Sie die Zitronen aus, um eine halbe Tasse Zitronensaft zu gewinnen.
c) In einer Rührschüssel Kristallzucker, Ei und Eigelb verrühren, bis alles gut vermischt ist.
d) Nach und nach die Sahne unterrühren, bis sich der Zucker vollständig aufgelöst hat.
e) Lassen Sie die Mischung durch ein Sieb passieren, um eine glatte und klumpenfreie Creme zu erhalten. Rühren Sie die Zitronenschale ein, um der Mischung Zitronengeschmack zu verleihen.
f) Stellen Sie sechs ½-Tassen-Töpfe de Creme oder Souffléformen in eine tiefe Auflaufform.
g) Verteilen Sie die Zitronenmischung gleichmäßig auf die sechs Pots de Creme-Schalen.
h) Gießen Sie vorsichtig heißes Leitungswasser in die Auflaufform, sodass es bis auf einen Abstand von ½ Zoll über die Topfoberkante reicht. Dieses Wasserbad trägt dazu bei, dass die Vanillepuddings gleichmäßig garen.

i) Backen Sie die Vanillepuddings ohne Deckel im vorgeheizten Ofen etwa 35 bis 40 Minuten lang oder bis sie gerade in der Mitte fest sind. Beim leichten Schütteln sollten die Vanillepuddings in der Mitte leicht wackeln.

j) Sobald Sie fertig sind, nehmen Sie die Pots de Creme vorsichtig aus dem Wasserbad und stellen Sie sie zum vollständigen Abkühlen beiseite.

PORTION:

k) Bestäuben Sie vor dem Servieren die Oberfläche jedes Puddings mit Puderzucker, um ihm eine süße Note zu verleihen und die Präsentation zu verbessern.

l) Für einen eleganten und farbenfrohen Abschluss können Sie jedes Pot de Creme optional mit einem kandierten Veilchen garnieren.

m) Servieren Sie die Lemon Pots de Creme gekühlt und genießen Sie die herrlichen zitrischen und cremigen Aromen.

38. Französische Zitronen-Macarons

ZUTATEN:
FÜR MACARON-SCHALEN:
- 100 g superfeines Mandelmehl
- 75 g Puderzucker
- 70 g (1/3 Tasse) Eiweiß, zimmerwarm
- 1/4 Teelöffel Weinstein, optional
- 1/4 Teelöffel grobes koscheres Salz
- 75 g superfeiner Kristallzucker
- 1/2 Teelöffel frischer Zitronensaft
- Gelbe Gel-Lebensmittelfarbe
- 1 Teelöffel Zitronenschale

FÜR ZITRONENBUTTERCREME:
- 80 g ungesalzene Butter, zimmerwarm
- 130 g Puderzucker, gesiebt
- 1 Esslöffel frischer Zitronensaft
- 1 Teelöffel Zitronenschale
- 1/8 Teelöffel grobes koscheres Salz

ANWEISUNGEN:
MACARON-SCHALEN HERSTELLEN:
a) 2 Backbleche mit Backpapier oder Silikonmatten auslegen. (Für eine gleichmäßige Luftzirkulation drehen Sie die Backbleche um.)

b) Mandelmehl und Puderzucker zweimal sieben. Wenn sich noch bis zu 2 Esslöffel stückige, trockene Zutaten im Sieb befinden, müssen Sie es nicht ersetzen; Verwerfen Sie diese Teile einfach.

c) In einer sauberen Rührschüssel mit Schneebesenaufsatz das Eiweiß bei mittlerer bis niedriger Geschwindigkeit schaumig schlagen.

d) Weinstein und Salz zum Eiweiß geben und weiter schlagen.
e) Geben Sie bei laufendem Mixer langsam einen Esslöffel Kristallzucker hinzu. Lassen Sie den Zucker nach jeder Zugabe auflösen.
f) Sobald das Baiser weiche Spitzen erreicht, Zitronensaft und ein paar Tropfen gelbe Gel-Lebensmittelfarbe hinzufügen.
g) Schlagen Sie das Eiweiß weiter bei mittlerer bis niedriger Geschwindigkeit, bis sich harte Spitzen bilden. Das Baiser sollte sich im Inneren des Schneebesens zu einer Kugel zusammenballen. Wenn Sie den Schneebesen anheben, sollte er ein spitzes Ende und scharfe Rippen haben.
h) Zitronenschale zum Baiser hinzufügen und weitere etwa 30 Sekunden aufschlagen.
i) Die Mandelmehlmischung in das Baiser sieben. Die trockenen Zutaten mit einem Silikonspatel unter das Baiser heben, bis es vollständig eingearbeitet ist. Dann falten Sie den Teig weiter, bis er flüssig genug ist, um eine Acht zu zeichnen. Testen Sie den Teig, indem Sie eine kleine Menge in die Schüssel geben. Wenn sich die Spitzen innerhalb von etwa 10 Sekunden von selbst im Teig auflösen, ist der Teig fertig. Achten Sie darauf, den Teig nicht zu stark zu falten.
j) Den Teig in einen Spritzbeutel mit runder Spitze füllen.
k) Halten Sie den Spritzbeutel in einem 90°-Winkel und spritzen Sie etwa 3,8 cm große Kreise mit einem Abstand von etwa 2,5 cm auf die vorbereiteten Backbleche. Klopfen Sie die Backbleche fest auf die Arbeitsfläche, um eventuelle Luftblasen zu entfernen.

l) Lassen Sie die Macarons mindestens 15-30 Minuten auf der Arbeitsfläche ruhen, bis der Teig bei leichter Berührung nicht mehr an Ihrem Finger kleben bleibt.

m) Den Backofen auf 300°F (150°C) vorheizen.

n) Backen Sie jeweils ein Blech Macarons auf der mittleren Schiene etwa 15-18 Minuten lang. Die gebackenen Macarons sollten sich fest anfühlen und der Boden sollte sich nicht bewegen.

o) Lassen Sie die Macarons vollständig abkühlen und nehmen Sie sie dann vom Backpapier ab.

So bereiten Sie Zitronenbuttercreme zu:

p) In einer Rührschüssel mit Schneebesen die Butter schaumig schlagen.

q) Puderzucker, Zitronensaft, Zitronenschale und Salz hinzufügen und verrühren, bis alles gut vermischt ist.

r) Füllen Sie die Buttercreme in einen Spritzbeutel mit runder oder sternförmiger Spitze.

MACARONS ZUSAMMENBAUEN:

s) Ordnen Sie die abgekühlten Macaron-Schalen der Größe nach zuordnen und mit der unteren Schale nach unten auf einem Gitterrost an.

t) Geben Sie einen Klecks Zitronenbuttercreme auf die unteren Schalen und legen Sie die obere Schale auf die Füllung. Drücken Sie dabei leicht darauf, um die Füllung bis zum Rand zu verteilen.

u) Bewahren Sie die gefüllten Macarons in einem luftdichten Behälter mindestens 24 Stunden lang im Kühlschrank auf, damit sie reifen können, damit die Füllung weich wird und die Schalen aromatisiert.

v) Zum Servieren die Macarons etwa 30 Minuten vor dem Servieren herausnehmen.

w) Bewahren Sie die Macarons in einem luftdichten Behälter bis zu 5 Tage im Kühlschrank auf oder frieren Sie sie bis zu 6 Monate ein.

39. Zitronen- Brûlée -Tarte

ZUTATEN:
FÜR DIE KRUSTE:
- 1 ½ Tassen Graham-Cracker-Krümel
- 6 Esslöffel ungesalzene Butter, geschmolzen
- ¼ Tasse Kristallzucker

FÜR DIE FÜLLUNG:
- 4 Eigelb
- 1 Dose (14 Unzen) gesüßte Kondensmilch
- ½ Tasse frischer Zitronensaft
- 1 Esslöffel abgeriebene Zitronenschale

FÜR DEN BElag:
- Kristallzucker zum Karamellisieren

ANWEISUNGEN:
a) Heizen Sie Ihren Backofen auf 350 °F (175 °C) vor.
b) In einer Schüssel die Graham-Cracker-Krümel, die geschmolzene Butter und den Zucker vermischen. Drücken Sie die Mischung auf den Boden und die Seiten einer Tarteform.
c) In einer separaten Schüssel Eigelb, gesüßte Kondensmilch, Zitronensaft und Zitronenschale verrühren, bis alles gut vermischt ist.
d) Gießen Sie die Zitronenfüllung in die vorbereitete Kruste.
e) Etwa 15-20 Minuten backen oder bis die Füllung fest ist.
f) Aus dem Ofen nehmen und auf Raumtemperatur abkühlen lassen. Dann mindestens 2 Stunden lang oder bis es abgekühlt ist in den Kühlschrank stellen.
g) Streuen Sie kurz vor dem Servieren eine dünne Schicht Kristallzucker auf die Torte. Mit einem Küchenbrenner den

Zucker karamellisieren, bis eine knusprige Kruste entsteht.

h) Lassen Sie den Zucker einige Minuten lang aushärten, schneiden Sie ihn dann in Scheiben und servieren Sie ihn.

40. Zitronen-Eis-Brûlée mit Toffee

ZUTATEN:
- 1 Tasse Sahne
- 1 Tasse Vollmilch
- 4 Eigelb
- $\frac{1}{2}$ Tasse Kristallzucker
- 1 Esslöffel abgeriebene Zitronenschale
- $\frac{1}{4}$ Tasse Zitronensaft
- $\frac{1}{2}$ Tasse Toffeestückchen
- Kristallzucker zum Karamellisieren
- Himbeeren zum Servieren

ANWEISUNGEN:
a) In einem Topf Sahne, Vollmilch und Zitronenschale bei mittlerer Hitze erhitzen, bis es zu köcheln beginnt. Vom Herd nehmen.
b) In einer separaten Schüssel Eigelb, Zucker und Zitronensaft verrühren, bis alles gut vermischt ist.
c) Gießen Sie die heiße Sahnemischung langsam unter ständigem Rühren in die Eigelbmischung.
d) Die Mischung wieder in den Topf geben und bei schwacher Hitze unter ständigem Rühren kochen, bis sie eindickt und die Rückseite eines Löffels bedeckt. Lassen Sie es nicht kochen.
e) Vom Herd nehmen und die Mischung auf Raumtemperatur abkühlen lassen. Anschließend mindestens 4 Stunden oder über Nacht in den Kühlschrank stellen.
f) Gießen Sie die gekühlte Mischung in eine Eismaschine und rühren Sie sie gemäß den Anweisungen des Herstellers um.

g) Während der letzten Minuten des Umrührens die Toffeestückchen hinzufügen und weiter umrühren, bis sie gleichmäßig verteilt sind.

h) Geben Sie das umgeschlagene Eis in einen Behälter und gefrieren Sie es mindestens 2 Stunden lang, damit es fester wird.

i) Streuen Sie kurz vor dem Servieren eine dünne Schicht Kristallzucker auf jede Portion. Mit einem Küchenbrenner den Zucker karamellisieren, bis eine knusprige Kruste entsteht.

j) Den Zucker einige Minuten aushärten lassen, dann servieren und genießen.

41. Zitronenquark-Gelato

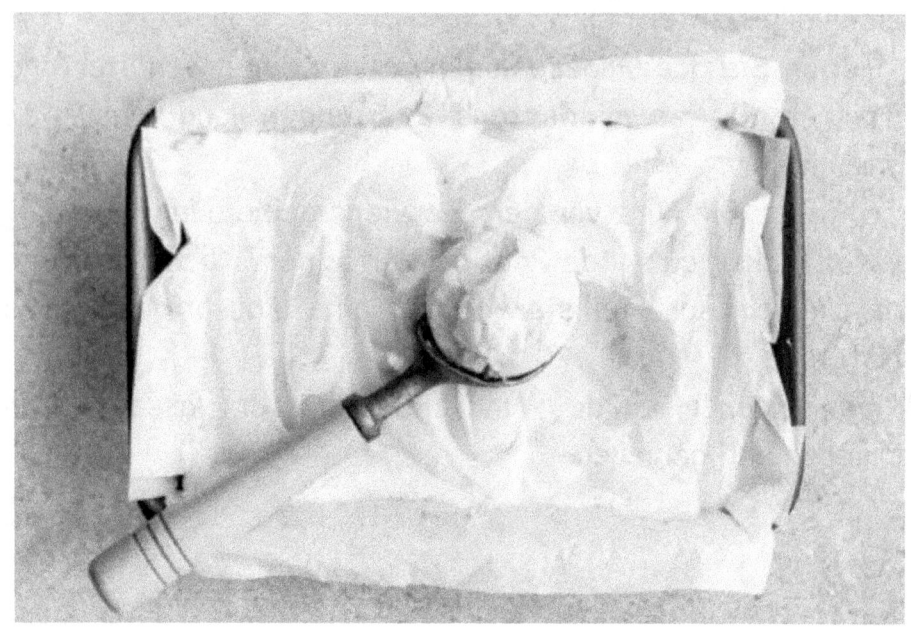

ZUTATEN:

- 500 ml Doppelcreme
- 395 ml Dose Kondensmilch
- 2 TL Vanilleextrakt
- 2 EL Limoncello (optional)
- 320 Gramm Lemon Curd

ANWEISUNGEN:

a) Sahne, Milch und Vanille in eine Schüssel geben und verrühren, bis sich weiche Spitzen bilden.

b) Gießen Sie die Mischung in einen Gefrierbehälter und stellen Sie ihn dann für eine Stunde in den Gefrierschrank.

c) Nach einer Stunde aus dem Gefrierschrank nehmen und Lemon Curd und Limoncello unterrühren. Gut vermischen und dann für weitere 4 Stunden in den Gefrierschrank stellen.

d) Aus dem Gefrierschrank nehmen und servieren.

42. Waben-Zitronen-Kuchen

ZUTATEN:
FÜR DEN KUCHEN:
- 2 Tassen Allzweckmehl
- 2 Teelöffel Backpulver
- ½ Teelöffel Backpulver
- ¼ Teelöffel Salz
- ½ Tasse ungesalzene Butter, weich
- 1 Tasse Kristallzucker
- 3 große Eier
- Schale von 2 Zitronen
- ¼ Tasse frischer Zitronensaft
- ½ Tasse Buttermilch
- ¼ Tasse Honig
- 1 Teelöffel Vanilleextrakt

FÜR DIE WABENFÜLLUNG:
- 1 Tasse Wabenbonbons, in kleine Stücke zerstoßen

FÜR DIE ZITRONENGLASUR:
- 1 Tasse Puderzucker
- 2 Esslöffel frischer Zitronensaft

ANWEISUNGEN:
a) Heizen Sie Ihren Backofen auf 350 °F (175 °C) vor. Eine runde 9-Zoll-Kuchenform einfetten und bemehlen.

b) In einer mittelgroßen Schüssel Mehl, Backpulver, Natron und Salz verquirlen. Beiseite legen.

c) In einer großen Rührschüssel die weiche Butter und den Kristallzucker cremig rühren, bis die Masse leicht und locker ist.

d) Die Eier nacheinander unterrühren, gefolgt von der Zitronenschale und dem Zitronensaft.

e) Buttermilch, Honig und Vanilleextrakt zur Buttermischung geben und gut verrühren.

f) Geben Sie nach und nach die trockenen Zutaten zu den feuchten Zutaten hinzu und verrühren Sie alles, bis es gerade eingearbeitet ist. Achten Sie darauf, nicht zu viel zu mischen.

g) Die Hälfte des Kuchenteigs in die vorbereitete Kuchenform füllen und gleichmäßig verteilen.

h) Streuen Sie die zerkleinerten Wabenbonbons über den Teig und sorgen Sie für eine gleichmäßige Verteilung.

i) Gießen Sie den restlichen Kuchenteig über die Wabenbonbonschicht und verteilen Sie ihn so, dass die Füllung bedeckt ist.

j) Im vorgeheizten Ofen 30-35 Minuten backen oder bis ein in die Mitte gesteckter Zahnstocher sauber herauskommt.

k) Nehmen Sie den Kuchen aus dem Ofen und lassen Sie ihn 10 Minuten lang in der Form abkühlen. Geben Sie ihn dann zum vollständigen Abkühlen auf einen Rost.

l) Während der Kuchen abkühlt, bereiten Sie die Zitronenglasur vor, indem Sie Puderzucker und frischen Zitronensaft glatt rühren.

m) Sobald der Kuchen abgekühlt ist, die Zitronenglasur über den Kuchen träufeln.

n) Schneiden Sie den köstlichen Honeycomb Lemon Cake in Scheiben und servieren Sie ihn.

43. Zitronenquark-Mousse

ZUTATEN:
- ½ Tasse Sahne
- ½ Tasse Lemon Curd, zubereitet
- Frische Blaubeeren, abgespült und getrocknet
- Frische Minzzweige zum Garnieren

ANWEISUNGEN:
a) Mit gekühlten Rührbesen die Sahne dick aufschlagen. Die Schlagsahne unter den Lemon Curd heben.
b) Entweder das Zitronenmousse unter die Blaubeeren mischen.
c) Oder schichten Sie Mousse, frische Blaubeeren und Mousse in ein Weinglas. Mit frischer Minze garnieren.

44. Zitronen-Semifreddo

ZUTATEN:
- 4 Eigelb
- ½ Tasse Kristallzucker
- 1 Tasse Sahne
- Schale von 2 Zitronen
- 1 Esslöffel frische Rosmarinblätter, fein gehackt

ANWEISUNGEN:
a) In einer großen Rührschüssel Eigelb und Zucker verrühren, bis eine helle, cremige Masse entsteht.
b) In einer separaten Schüssel die Sahne schlagen, bis sich weiche Spitzen bilden.
c) Zitronenschale und gehackten Rosmarin vorsichtig unter die Schlagsahne heben.
d) Nach und nach die Schlagsahne-Mischung zur Eigelb-Mischung geben und vorsichtig unterheben, bis alles gut vermischt ist.
e) Gießen Sie die Mischung in eine Kastenform oder einzelne Auflaufförmchen.
f) Mindestens 6 Stunden oder über Nacht einfrieren.
g) Zum Servieren aus dem Gefrierschrank nehmen und vor dem Schneiden einige Minuten bei Zimmertemperatur ruhen lassen.

45. Zitroneneis- Sandwiches

ZUTATEN:

- 1 ½ Tassen Allzweckmehl
- ½ Teelöffel Backpulver
- ¼ Teelöffel Salz
- ½ Tasse ungesalzene Butter, weich
- ½ Tasse Kristallzucker
- ½ Tasse brauner Zucker
- 1 großes Ei
- 1 Teelöffel Vanilleextrakt
- Schale von 1 Zitrone
- 1 Pint Zitroneneis

ANWEISUNGEN:

a) Heizen Sie Ihren Backofen auf 375 °F (190 °C) vor und legen Sie ein Backblech mit Backpapier aus.

b) In einer Schüssel Mehl, Backpulver und Salz verquirlen.

c) In einer separaten Rührschüssel die weiche Butter, den Kristallzucker und den braunen Zucker cremig rühren, bis eine leichte, lockere Masse entsteht. Ei, Vanilleextrakt und Zitronenschale hinzufügen und gut verrühren.

d) Die trockenen Zutaten nach und nach zur Buttermischung geben und verrühren, bis alles gut vermischt ist. Die frischen Blaubeeren vorsichtig unterheben.

e) Lassen Sie abgerundete Esslöffel Teig mit einem Abstand von etwa 5 cm auf das vorbereitete Backblech fallen. Jede Teigkugel mit der Handfläche leicht flach drücken.

f) 10-12 Minuten backen oder bis die Ränder goldbraun sind. Lassen Sie die Kekse vollständig abkühlen.

g) Nehmen Sie eine Kugel Zitroneneis und legen Sie sie zwischen zwei Kekse.

h) Legen Sie die Eiscremesandwiches vor dem Servieren mindestens 1 Stunde lang in den Gefrierschrank, damit sie fester werden.

Glasur und Zuckerguss

46. Zitronenglasur

ZUTATEN:

- 1 Tasse Puderzucker
- 2 Esslöffel frisch gepresster Zitronensaft
- 1 Teelöffel Zitronenschale

ANWEISUNGEN:

a) In einer kleinen Schüssel Puderzucker, Zitronensaft und Zitronenschale verrühren, bis eine glatte Masse entsteht.

b) Passen Sie die Konsistenz an, indem Sie je nach Bedarf mehr Puderzucker oder Zitronensaft hinzufügen.

c) Beträufeln Sie Ihr Dessert mit der Zitronenglasur und lassen Sie es vor dem Servieren fest werden.

47. Himbeer-Limonaden-Glasur

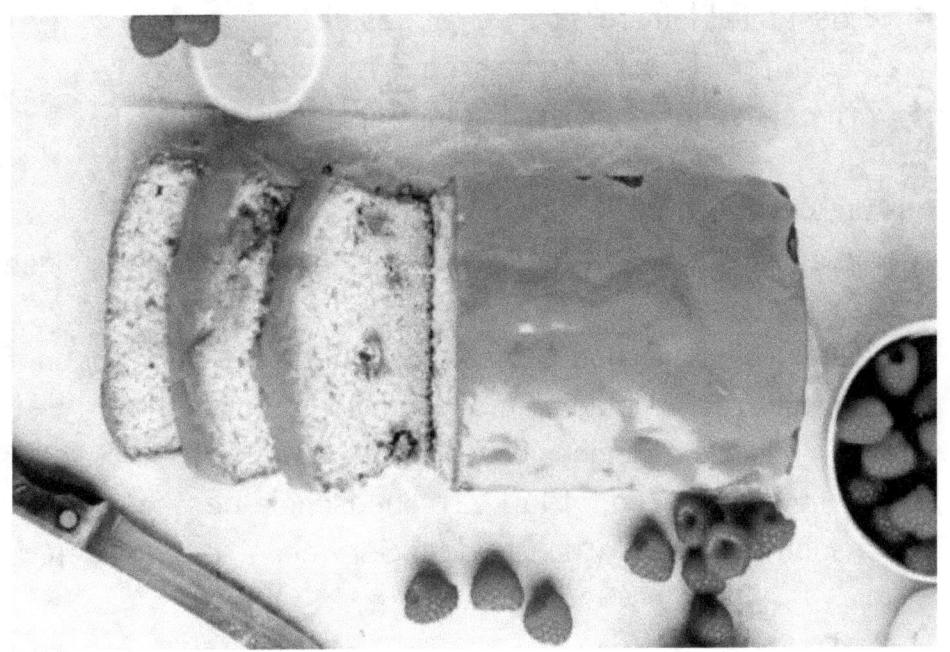

ZUTATEN:
- 1 Tasse Puderzucker
- 2 Esslöffel Himbeerpüree (abgesiebt)
- 1 Esslöffel frisch gepresster Zitronensaft
- Zitronenschale (optional, zum Garnieren)

ANWEISUNGEN:
a) In einer kleinen Schüssel Puderzucker, Himbeerpüree und Zitronensaft glatt rühren.
b) Passen Sie die Konsistenz an, indem Sie nach Bedarf mehr Puderzucker oder Himbeerpüree hinzufügen.
c) Die Himbeer-Limonaden-Glasur über Ihr Dessert träufeln und bei Bedarf mit Zitronenschale bestreuen.
d) Lassen Sie die Glasur vor dem Servieren fest werden.

48. Zitronenbutter-Zuckerguss

ZUTATEN:
- 1 Tasse ungesalzene Butter, weich
- 4 Tassen Puderzucker
- 2 Esslöffel frisch gepresster Zitronensaft
- 1 Esslöffel Zitronenschale
- 1 Teelöffel Vanilleextrakt

ANWEISUNGEN:
a) In einer Rührschüssel die weiche Butter glatt rühren.
b) Fügen Sie nach und nach etwa 1 Tasse Puderzucker hinzu und vermischen Sie nach jeder Zugabe alles gut.
c) Zitronensaft, Zitronenschale und Vanilleextrakt zur Buttermischung geben und glatt und cremig rühren.
d) Passen Sie die Konsistenz an, indem Sie mehr Puderzucker für eine steifere Glasur oder mehr Zitronensaft für eine dünnere Glasur hinzufügen.
e) Verteilen oder spritzen Sie das Zitronenbutter-Glasur auf abgekühlte Kuchen oder Cupcakes.

49. Zitronen-Mohn-Zuckerguss

ZUTATEN:

- 1 Tasse ungesalzene Butter, weich
- 4 Tassen Puderzucker
- 2 Esslöffel frisch gepresster Zitronensaft
- 2 Teelöffel Zitronenschale
- 1 Esslöffel Mohn

ANWEISUNGEN:

a) In einer Rührschüssel die weiche Butter glatt rühren.
b) Fügen Sie nach und nach den Puderzucker hinzu, eine Tasse nach der anderen, und schlagen Sie weiter, bis alles gut vermischt ist.
c) Zitronensaft, Zitronenschale und Mohn einrühren. Mischen, bis alles vollständig eingearbeitet ist.
d) Verteilen oder spritzen Sie das Zitronen-Mohn-Zuckerguss auf abgekühlte Kuchen oder Cupcakes.

LIMONADE

50. Klassische frisch gepresste Limonade

ZUTATEN:
- Saft von 8 großen Zitronen
- 6 Tassen Wasser
- $1\frac{1}{4}$ Tassen Kristallzucker
- 1 Zitrone, in Scheiben geschnitten

ANWEISUNGEN :
a) In einem großen Krug den Zitronensaft mit Wasser und Zucker vermischen.
b) Rühren, bis sich der Zucker aufgelöst hat. Etwa 1 Stunde kühl stellen, bis es kalt ist.
c) Gießen Sie die Limonade auf Eis und geben Sie vor dem Servieren eine Zitronenscheibe in jedes Glas.

51. Rosa Grapefruit-Limonade

ZUTATEN:
- 50 g Golden-Caster-Sirup
- ¼ Teelöffel Himalaya- oder grobes Meersalz
- 4 Florida Pink Grapefruit, entsaftet, mit zusätzlichen Scheiben zum Servieren
- 2 Zitronen, entsaftet

ANWEISUNGEN:
a) In einem kleinen Topf den goldenen Rizinussirup und 100 ml Wasser vermischen. Bringen Sie die Mischung zum Kochen und rühren Sie um, um den Zucker aufzulösen. Zum Abkühlen beiseite stellen.
b) In einen großen Krug 400 ml Wasser geben und mit Eis auffüllen.
c) Gießen Sie den abgekühlten Zuckersirup über das Eis und das Wasser im Krug.
d) Geben Sie Himalaya- oder grobes Meersalz, frisch gepressten Pink Grapefruitsaft und Zitronensaft in den Krug.
e) Rühren Sie die Mischung gut um, um alle Zutaten zu vermischen.
f) Servieren Sie die Pink Grapefruit Limonade in Gläsern, garniert mit rosa Grapefruitscheiben für einen erfrischenden und würzigen Zitrusgenuss. Genießen!

52. Himbeer-Limonaden-Mimosen

ZUTATEN:
- 3 Unzen Champagner
- 3 Unzen Himbeerlimonade
- Rosa oder rote Zuckerstreusel
- 2-3 frische Himbeeren

ANWEISUNGEN:
a) So stellen Sie den Rand der Gläser her: Gießen Sie eine kleine Menge Himbeerlimonade auf einen Teller oder eine flache Schüssel. Machen Sie dasselbe mit den rosa oder roten Zuckerstreuseln auf einem separaten Teller.
b) Tauchen Sie den Rand einer Champagnerflöte in die Himbeerlimonade und achten Sie darauf, dass der gesamte Rand bedeckt ist.
c) Anschließend den beschichteten Glasrand in den farbigen Zucker tauchen, sodass ein dekorativer Zuckerrand entsteht.
d) Gießen Sie die Himbeerlimonade und den Champagner in das vorbereitete Glas und rühren Sie vorsichtig um, um die Aromen zu vermischen.
e) Geben Sie 2-3 frische Himbeeren in den Cocktail, um einen zusätzlichen Schuss fruchtiger Köstlichkeit zu erhalten.
f) Servieren Sie Ihre Himbeer-Limonade-Mimosas und genießen Sie diesen köstlichen und erfrischenden Cocktail während Ihres Brunchs mit den Mädchen.

53. Erdbeer-Limonaden-Schorle

ZUTATEN:
- 1 Tasse frische Erdbeeren, geschält und in Scheiben geschnitten
- $\frac{1}{2}$ Tasse frischer Zitronensaft
- $\frac{1}{4}$ Tasse Kristallzucker
- 2 Tassen Mineralwasser
- Eiswürfel
- Frische Minzblätter zum Garnieren

ANWEISUNGEN:
a) In einem Mixer Erdbeeren, Zitronensaft und Zucker vermischen. Alles glatt rühren.
b) Die Mischung durch ein feinmaschiges Sieb passieren, um alle Kerne zu entfernen.
c) Gläser mit Eiswürfeln füllen und die Erdbeer-Zitronen-Mischung über das Eis gießen.
d) Füllen Sie jedes Glas mit Mineralwasser auf und rühren Sie vorsichtig um.
e) Mit frischen Minzblättern garnieren und servieren.

54. Drachenfruchtlimonade

ZUTATEN:
- 1 große Drachenfrucht – rosa oder weißes Fruchtfleisch, Schale entfernt
- 5 Tassen Wasser
- ½ Tasse Agavendicksaft oder Ahornsirup
- 1 Tasse frisch gepresster Zitronensaft

ANWEISUNGEN:
a) Mischen Sie die Drachenfrucht mit 1 Tasse Wasser, bis die gewünschte Konsistenz erreicht ist.

b) Geben Sie die Drachenfruchtmischung in einen Limonadenkrug und fügen Sie die restlichen 4 Tassen Wasser, Zitronensaft und Süßstoff hinzu. Umrühren, abschmecken und ggf. Süßungsmittel und/oder Wasser anpassen.

c) Kann sofort auf einem mit Eiswürfeln gefüllten Glas serviert werden.

d) Zum Abkühlen im Kühlschrank aufbewahren und vor dem Servieren gut umrühren. Genießen!

55. Kiwi-Limonade

ZUTATEN:
- 4 Kiwis, geschält
- 12-Unzen-Dose gefrorenes Limonadenkonzentrat, aufgetaut
- 3 Tassen kohlensäurehaltiges Zitronen-Limetten-Getränk, gekühlt

ANWEISUNGEN:
a) Kiwi in Stücke schneiden.
b) Fruchtstücke und Limonadenkonzentrat in einer Küchenmaschine glatt rühren.
c) Gießen Sie die Mischung durch ein Drahtsieb in einen Krug und verwerfen Sie dabei die Feststoffe.
d) Kurz vor dem Servieren den Zitronen-Limetten-Drink unterrühren.

56. Himbeer- Kefir- Limonade

ZUTATEN:
- ½ Tasse frische oder aufgetaute gefrorene Himbeeren
- ⅔ Tasse frisch gepresster Zitronensaft
- ½ Tasse Agavendicksaft
- 3 Tassen Kefir

ANWEISUNGEN:
a) Alle Zutaten in einen Hochgeschwindigkeitsmixer geben und glatt rühren.
b) Durch ein Plastiksieb in einen Krug abseihen. Auf Eis servieren.
c) Wird es 2 Tage im Kühlschrank aufbewahren.

57. Himbeer-Fenchel-Limonade

ZUTATEN:
- 8 Unzen Wasser
- 8 Unzen Himbeeren + etwas mehr zum Garnieren
- 4 Esslöffel Zucker
- 1 Teelöffel Fenchelsamen
- Saft von 2 Zitronen
- kühles Wasser

ANWEISUNGEN:
a) In einem Topf oder Topf die Himbeeren mit Zucker, Fenchelsamen und Wasser vermischen und bei mäßiger Hitze kochen.
b) Kochen, bis die Himbeeren breiig sind.
c) Lassen Sie es auf Raumtemperatur abkühlen.
d) Mischen Sie die Himbeermischung zu einem glatten Püree. Abseihen und den Zitronensaft untermischen.
e) Mit gekühltem Wasser aufgießen und servieren.
f) Mit den reservierten Himbeeren garnieren.

58. Pflaumenlimonade

ZUTATEN:
- 32 Unzen Wasser, aufgeteilt
- 2-3 ganze Sternanis
- 10 Unzen Zucker
- 3 frische rote Pflaumen, entkernt
- 2 Zitronen, gründlich geschrubbt und halbiert
- Eiswürfel zum Servieren

ANWEISUNGEN:
a) In einem Topf 16 Unzen (2 Tassen) Wasser und den Sternanis vermischen.
b) Bringen Sie es zum Kochen und lassen Sie es einige Minuten köcheln, um dem Wasser den Sternanisgeschmack zu verleihen. Vom Herd nehmen und abkühlen lassen.
c) Bereiten Sie in einem separaten Topf einen einfachen Sirup zu, indem Sie den Zucker mit den restlichen 16 Unzen (2 Tassen) Wasser vermischen.
d) Erhitzen Sie es bei mittlerer Hitze und rühren Sie, bis sich der Süßstoff vollständig aufgelöst hat. Vom Herd nehmen und abkühlen lassen.
e) Sobald sowohl das mit Sternanis angereicherte Wasser als auch der einfache Sirup abgekühlt sind, vermischen Sie beides in einem Krug.
f) Die entkernten roten Pflaumen in einem Mixer pürieren, bis eine glatte Masse entsteht.
g) Den Saft der halbierten Zitronen zusammen mit dem Pflaumenmus in den Mixer pressen.
h) Geben Sie die Pflaumen-Zitronen-Mischung mit dem mit Sternanis angereicherten Wasser und Zuckersirup in den Krug. Alles gut umrühren.

i) Stellen Sie die Pflaumenlimonade in den Kühlschrank, bis sie vollständig abgekühlt ist.

j) Zum Servieren Gläser mit Eiswürfeln füllen und die Pflaumenlimonade über das Eis gießen. Nach Belieben mit weiteren Pflaumenscheiben, Zitronenspalten oder Sternanis garnieren.

k) Genießen Sie Ihre hausgemachte Pflaumenlimonade, ein köstliches und erfrischendes Getränk mit einer einzigartigen Note!

59. Granatapfellimonade

ZUTATEN:
- ½ Tasse einfacher Sirup oder Agavensüßstoff
- ½ Tasse Zitronensaft
- 1 Tasse Granatapfelsaft
- 1 Tasse kaltes Wasser
- 1 Tasse zerstoßenes Eis
- Prise Salz

FÜR DIE FELGE:
- 1 Zitronenscheibe
- ¼ Teelöffel gerösteter Kreuzkümmel
- 1 Teelöffel Zucker
- ⅛ Teelöffel Salz

ANWEISUNGEN:
a) In einer Rührschüssel den einfachen Sirup (oder Agavensüßstoff), Zitronensaft, Granatapfelsaft, eine Prise Salz und kaltes Wasser verrühren, bis alles gut vermischt ist.
b) Gießen Sie die Mischung in einen mit zerstoßenem Eis gefüllten Krug.
c) Um den Rand Ihres Glases festzulegen, nehmen Sie die Zitronenscheibe und reiben Sie damit den Rand des Glases ab, um ihn mit einer dünnen Schicht Zitronensaft zu überziehen.
d) Auf einem Teller gerösteten Kreuzkümmel, Zucker und Salz vermischen.
e) Tauchen Sie den Glasrand in die Kreuzkümmel-Zucker-Salz-Mischung und drehen Sie ihn, um den Rand zu bedecken.
f) Gießen Sie Ihre frisch zubereitete Granatapfellimonade in das Glas mit Rand.

g) Servieren Sie Ihre lebendige und süß-säuerliche Granatapfellimonade sofort und genießen Sie diese erfrischende Variante der klassischen Limonade mit der köstlichen Zugabe von Granatapfel!

60. Kirschlimonade

ZUTATEN:

- 1 Pfund frische Sauerkirschen (einige zum Garnieren beiseite legen)
- 2 Tassen Zucker
- 8 Tassen Wasser
- 6 bis 8 Zitronen, plus extra zum Garnieren

ANWEISUNGEN:

a) In einem mittelgroßen Topf die Sauerkirschen, den Zucker und 3 Tassen Wasser vermischen.
b) 15 Minuten köcheln lassen, dann auf Zimmertemperatur abkühlen lassen.
c) Die Mischung durch ein feinmaschiges Sieb passieren.
d) Entsaften Sie so viele Zitronen, dass sich $1\frac{1}{2}$ Tassen Zitronensaft ergeben.
e) Kombinieren Sie Kirschsaft, Zitronensaft und etwa 5-6 Tassen gekühltes Wasser (je nach Geschmack anpassen).
f) Gut umrühren und nach Belieben dünne Zitronenscheiben und frische Kirschen für zusätzliches Aroma hinzufügen.

61. Heidelbeer-Limonade

ZUTATEN:
- 2 Tassen frische Blaubeeren, plus etwas mehr zum Garnieren
- 1 Tasse frisch gepresster Zitronensaft
- $\frac{1}{2}$ Tasse Kristallzucker
- $\frac{1}{4}$ Teelöffel Salz
- 4 Tassen Wasser

ANWEISUNGEN:
a) In einem Mixer frische Blaubeeren, Zitronensaft, Kristallzucker und Salz vermischen.
b) Verarbeiten Sie die Mischung, bis alles gut vermischt ist. Dies sollte etwa 45 Sekunden dauern.
c) Gießen Sie die gemischte Mischung durch ein feinmaschiges Sieb in einen großen Krug, um alle Feststoffe zu entfernen. Entsorgen Sie die Feststoffe.
d) Das Wasser einrühren, bis es vollständig eingearbeitet ist.
e) Die Blaubeerlimonade auf 8 mit Eis gefüllte Gläser verteilen und nach Belieben mit weiteren Blaubeeren garnieren.
f) Genießen Sie Ihre erfrischende hausgemachte Blaubeerlimonade!

62. Feigenkaktussaft-prickelnde Limonade

ZUTATEN:
- Saft von 4 Zitronen
- ⅓ Tasse kalter Kaktusfeigensirup
- 2 Tassen kaltes Mineralwasser
- ½ Tasse Zucker

ANWEISUNGEN:
a) Kombinieren Sie in einem Behälter den kalten, frisch gepressten Zitronensaft, den kalten Kaktusfeigensirup und das kalte Mineralwasser. Gründlich umrühren, um eine gleichmäßige Mischung zu gewährleisten.
b) Servieren Sie die prickelnde Limonade auf Eis und garnieren Sie jedes Glas nach Wunsch mit einer Zitronenscheibe.
c) Genießen Sie Ihre erfrischende prickelnde Limonade mit Feigenkaktussaft – ein wirklich frisches und köstliches Getränk!

63. Schwarze Traubenlimonade

ZUTATEN:
- 4 Tassen kernlose schwarze Trauben
- 1 ½ Tassen Zucker, geteilt
- 7-8 Tassen kaltes Wasser, aufgeteilt
- Schale von 3 Zitronen
- Saft von 7 Zitronen (ca. 1 Tasse)

ANWEISUNGEN:
a) In einem großen Topf die schwarzen Weintrauben, 1 Tasse Wasser, 1 Tasse Zucker und Zitronenschale vermischen.
b) Diese Mischung bei mittlerer Hitze köcheln lassen und dabei die Trauben zerdrücken, während sie weich werden.
c) Sobald alle Trauben zerdrückt sind, lassen Sie die Mischung weitere 10-15 Minuten leicht köcheln, damit sich mehr Farbe aus den Traubenschalen löst.
d) Den Topf vom Herd nehmen und die Mischung abseihen, dabei die Feststoffe entfernen.
e) Geben Sie die Traubenmischung in einen Krug.
f) Den Zitronensaft sowie das restliche kalte Wasser und den Zucker einrühren. Probieren Sie die Wasser- und Zuckermenge ab und passen Sie sie Ihren Wünschen an.
g) Stellen Sie die Mischung in den Kühlschrank, bis sie abgekühlt ist. (Am nächsten Tag entwickelt es einen kräftigeren Geschmack.)
h) Servieren Sie Ihre frische schwarze Traubenlimonade auf Eis und genießen Sie den erfrischenden Geschmack!
i) Genießen Sie diese köstliche hausgemachte Kreation.

64. Litschi-Limonade

ZUTATEN:
- 20 Litschis
- 1 Esslöffel Zitronensaft
- 6 Minzblätter
- ¼ Teelöffel schwarzes Salz
- 4 Eiswürfel

ANWEISUNGEN:
a) Schälen Sie alle Litschis, entfernen Sie die Kerne und geben Sie sie in einen Mixer oder Mixer. Mischen Sie sie zu einem dicken Saft.

b) In einem Glas einige Minzblätter mit Zitronensaft und schwarzem Salz vermischen.

c) Geben Sie Eiswürfel in das Glas und gießen Sie den Litschisaft hinein. Vor dem Servieren gut umrühren.

d) Garnieren Sie Ihre Litschi-Limonade mit einer Zitronenscheibe als Beilage.

e) Genießen Sie Ihre erfrischende hausgemachte Litschi-Limonade, einen köstlichen indischen Cocktail!

65. Apfel-Grünkohl- Limonade e

ZUTATEN:
- 1 Tasse Spinat
- ½ Limette
- 1 Zitrone
- 1 Stück Ingwer (frisch)
- 2 Selleriestangen (die Blätter entfernen)
- 2 grüne Äpfel
- 4 Grünkohlblätter

ANWEISUNGEN :
a) Waschen Sie alle Früchte und Gemüse und tupfen Sie sie dann mit einem Papiertuch trocken.
b) Limette, Zitrone, Ingwer und Äpfel schälen.
c) Schneiden Sie alle Zutaten in Stücke, die in den Einfüllschacht Ihres Entsafters passen.
d) Geben Sie die Obst- und Gemüsestücke in Ihren Entsafter. Drücken Sie den Entsafter nach unten, bis frischer Saft zu fließen beginnt. Das Entsaften der Zutaten hängt von der Art Ihres Entsafters ab.

66. Rhabarber-Limonade

ZUTATEN:
- 4 Tassen Wasser
- ½ Tasse Ahornsirup
- 1 Pfund Rhabarber (ggf. geschält, gehackt)
- 3 Tassen heißes Wasser
- Eiswürfel
- Garnitur: Orangenscheiben oder Minzzweige

ANWEISUNGEN:
a) 4 Tassen Wasser in einem Topf zum Kochen bringen; Vom Herd nehmen, Ahornsirup unterrühren und zum Abkühlen beiseite stellen.

b) Den gehackten Rhabarber in einer Küchenmaschine zerkleinern, bis ein Brei entsteht.

c) Gießen Sie in einem mittelgroßen Becken 3 Tassen heißes Wasser über das Rhabarbermark und decken Sie es ab.

d) Legen Sie ein Sieb über das Ahornsirupwasser im Topf. Das Rhabarbermark durch ein Sieb in die Ahornsirup-Wasser-Mischung abseihen. Um die Rhabarberflüssigkeit und das Ahornsirupwasser zu vermischen, verquirlen Sie beides. Füllen Sie einen Krug zur Hälfte mit Wasser.

e) Den Cocktail in vier hohe, mit Eiswürfeln gefüllte Gläser füllen.

f) Mit einer Orangenscheibe oder einem Zweig Minze als Garnitur servieren.

67. Rettichlimonade

ZUTATEN:
- 1 Tasse Radieschen, geputzt und gehackt
- 4 Tassen Wasser
- ½ Tasse frisch gepresster Zitronensaft
- ¼ Tasse Honig oder Süßungsmittel Ihrer Wahl
- Eiswürfel
- Frische Minzblätter zum Garnieren

ANWEISUNGEN:
a) In einem Mixer Radieschen und Wasser vermischen. Alles glatt rühren.
b) Die Mischung durch ein feinmaschiges Sieb in einen Krug abseihen.
c) Zitronensaft und Honig in den Krug geben und gut verrühren.
d) Auf Eiswürfeln servieren und mit frischen Minzblättern garnieren.

68. Gurken-Limonaden-Genuss

ZUTATEN:
- 1 ½ Tassen frisch gepresster Zitronensaft, etwas zum Garnieren
- 1 Tasse geschälte und entkernte Gurke, mit etwas Extra zum Garnieren
- 1 Tasse Kristallzucker (oder Kokosnusszucker)
- 6 Tassen Wasser (aufgeteilt)
- Eis

ANWEISUNGEN:
a) Beginnen Sie mit dem Entsaften der Zitronen.
b) Die Gurke schälen und mit einem Löffel die Kerne entfernen. (Wenn Sie eine englische Gurke verwenden, können Sie diesen Schritt überspringen.)
c) Gurke, Zucker und 2 Tassen warmes Wasser in einen Mixer geben. Mischen, bis eine glatte Konsistenz erreicht ist. Die Mischung durch ein feinmaschiges Sieb in einen Krug abseihen und die Flüssigkeit mit einem Spatel durchdrücken. Entsorgen Sie das Fruchtfleisch; Dies kann einige Minuten dauern.
d) In den Krug mit der Gurkenmischung 4 Tassen kaltes Wasser und den frisch gepressten Zitronensaft geben.
e) Ein paar Handvoll Eis hinzufügen und servieren. Nach Belieben mit zusätzlichen Gurkenscheiben und Zitronenschnitzen garnieren.
f) Genießen Sie die erfrischende Güte der Gurkenlimonade!

69. Minzige Grünkohllimonade

ZUTATEN:
- 500 ml oder 2 Tassen Limonade (oder alternativ Orangensaft)
- 1 Grünkohlstängel
- Eine kleine Handvoll Minzblätter
- 6 Eiswürfel

ANWEISUNGEN:
a) Entfernen Sie den Stiel vom Grünkohl und reißen Sie ihn in Stücke. Geben Sie alle Zutaten, einschließlich der Eiswürfel, in einen Mixer.
b) Mischen, bis die Mischung glatt und schaumig ist und die Farbe gleichmäßig grün ist.
c) Gießen Sie die erfrischende Mischung in Gläser und fügen Sie für die besondere Note einen Eiswürfel und eine Limettenscheibe hinzu.
d) Genießen Sie Ihre belebende Minty-Grünkohl-Limonade!

70. Rübenlimonade

ZUTATEN:

- 2 mittelgroße Rüben, gekocht und geschält
- 1 Tasse frisch gepresster Zitronensaft (von ca. 6-8 Zitronen)
- ½ Tasse Kristallzucker (nach Geschmack anpassen)
- 4 Tassen kaltes Wasser
- Eiswürfel
- Zitronenscheiben und Minzblätter zum Garnieren (optional)

ANWEISUNGEN:

a) Sie können die Rüben kochen, indem Sie sie kochen oder rösten. Zum Kochen geben Sie sie in einen Topf mit Wasser, bringen Sie sie zum Kochen und lassen Sie sie etwa 30-40 Minuten köcheln, bis sie bissfest sind.

b) Zum Braten wickeln Sie sie in Aluminiumfolie ein und rösten sie im Ofen bei 400 °F (200 °C) etwa 45-60 Minuten lang, bis sie weich sind.

c) Lassen Sie die gekochten Rüben abkühlen, schälen Sie sie und schneiden Sie sie in Stücke.

d) Geben Sie die gekochten und gehackten Rüben in einen Mixer oder eine Küchenmaschine.

e) Mischen, bis ein glattes Rote-Bete-Püree entsteht. Sie können bei Bedarf einen oder zwei Esslöffel Wasser hinzufügen, um das Mischen zu erleichtern.

f) Drücken Sie so viele Zitronen aus, dass Sie 1 Tasse frischen Zitronensaft erhalten.

g) In einem Krug Rübenpüree, frisch gepressten Zitronensaft und Kristallzucker vermischen.

h) Rühren, bis sich der Zucker vollständig aufgelöst hat.

i) 4 Tassen kaltes Wasser hinzufügen und gut vermischen. Passen Sie den Zucker und den Zitronensaft nach Geschmack an.

j) Stellen Sie die Rote-Bete-Limonade in den Kühlschrank, bis sie gut gekühlt ist.

k) Auf Eiswürfeln in Gläsern servieren.

l) Garnieren Sie optional jedes Glas mit einer Zitronenscheibe und einem Zweig frischer Minze.

71. Schmetterlingserbsenlimonade

ZUTATEN:

- 1½ Tasse Wasser
- 1 Tasse Puderzucker
- ¼ Tasse getrocknete Schmetterlingserbsenblüten
- Limonade

ANWEISUNGEN:

a) Wasser und Puderzucker in einem kleinen Topf zum Kochen bringen. 5 Minuten kochen lassen.

b) Vom Herd nehmen. Fügen Sie getrocknete blaue Schmetterlingserbsenblüten hinzu und stellen Sie sie dann zum vollständigen Abkühlen in den Kühlschrank.

c) Geben Sie Eis in ein Glas und gießen Sie blauen Sirup hinein, bis es zur Hälfte gefüllt ist. Gießen Sie Limonade ein, um das Glas zu füllen. Kalt servieren.

72. Lavendellimonade

ZUTATEN:
- 2 Tassen Wasser (zur Herstellung eines einfachen Sirups)
- 1 Tasse Zucker
- 2 Esslöffel getrockneter Lavendel ODER 6 frische Lavendelblüten
- 1 Tasse frisch gepresster Zitronensaft
- 1 Tasse kaltes Wasser
- Eis zum Servieren

ANWEISUNGEN:
a) Beginnen Sie mit der Zubereitung des einfachen Lavendelsirups. Kurz gesagt: Kombinieren Sie 2 Tassen Wasser, Zucker und Lavendel in einem Topf und lassen Sie es köcheln, bis es reduziert ist.

b) In einem Krug oder zu gleichen Teilen auf zwei Gläser verteilen, frisch gepressten Zitronensaft, kaltes Wasser und Eis vermischen.

c) Den einfachen Lavendelsirup einrühren. Passen Sie die Süße nach Ihrem Geschmack an. Wenn es zu säuerlich ist, fügen Sie mehr einfachen Sirup hinzu; Wenn es zu süß ist, fügen Sie zusätzlichen Zitronensaft und Wasser hinzu.

d) Sofort servieren. Bedenken Sie, dass das Eis schnell schmilzt und den Geschmack der Lavendellimonade leicht verwässern kann. Genießen Sie sie also umgehend!

73. Rosenwasserlimonade

ZUTATEN:
- 1 ½ Tassen frisch gepresster Zitronensaft
- 1 Tasse Rosenwasser
- 1 Tasse granulierter Weißzucker
- 4-6 Tassen Wasser, je nach Geschmack anpassen
- Zitronenscheiben zum Garnieren
- Essbare Rosenblätter in Lebensmittelqualität zum Garnieren
- Optional: Eis nach Ihrem Geschmack

ANWEISUNGEN:
a) Mischen Sie in einem geräumigen Getränkespender oder Krug 1 ½ Tassen frisch gepressten Zitronensaft, Rosenwasser (1 Tasse Rosenwasser kombiniert mit 1 Tasse granuliertem Weißzucker) und 4-6 Tassen Wasser.
b) Zum Kombinieren gründlich umrühren. Bis zum Servieren im Kühlschrank aufbewahren.
c) Verzieren Sie Ihre Limonade nach Wunsch mit Zitronenscheiben und zusätzlichen Rosenblättern.
d) Servieren Sie Ihre Rosenwasserlimonade je nach Geschmack mit oder ohne Eis. Genießen!

74. Lavendel - Kokos-Limonade

ZUTATEN:
LIMONADE
- 1 ½ Tassen frisch gepresster Zitronensaft
- 1 ¾ Tassen Zucker
- 8 Tassen Kokoswasser
- 4 Tassen Wasser

LAVENDEL-EINFACHER SIRUP
- 2 Tassen Zucker
- 1 ½ Tassen Wasser
- 3 Esslöffel getrockneter Lavendel
- Ein paar Tropfen optionaler violetter Lebensmittelfarbe

ANWEISUNGEN:
LAVENDEL-EINFACHER SIRUP
a) In einem mittelgroßen Topf mit dickem Boden Zucker, Wasser und getrockneten Lavendel vermischen.
b) Bringen Sie die Mischung bei starker Hitze zum Kochen und lassen Sie sie 1 Minute lang kochen.
c) Nehmen Sie den Topf vom Herd, decken Sie ihn ab und lassen Sie den Lavendel 20 Minuten lang im Sirup ziehen.
d) Den Sirup durch ein feinmaschiges Sieb passieren, um den Lavendel zu entfernen. Fügen Sie nach Wunsch ein paar Tropfen violette Lebensmittelfarbe hinzu, um der Limonade einen violetten Farbton zu verleihen.
e) Stellen Sie den Lavendelsirup zum Abkühlen beiseite. Nach dem Abkühlen in einen luftdichten Behälter umfüllen und bis zu einer Woche im Kühlschrank lagern.

KOKOSNUSS-LAVENDEL-LIMONADE
f) In einem Krug frisch gepressten Zitronensaft, Zucker, Kokoswasser und Wasser vermischen.

g) Kräftig schütteln oder rühren, bis sich der gesamte Zucker vollständig aufgelöst hat. Schütteln wird bevorzugt, da es die Limonade belüftet.

h) Gießen Sie die Hälfte des Lavendelsirups in den Krug und rühren Sie um. Passen Sie die Menge des Lavendelsirups Ihrem Geschmack an und fügen Sie je nach Wunsch mehr oder weniger hinzu.

i) Genießen Sie Ihre erfrischende, mit Lavendel angereicherte Kokoslimonade!

75. Frische Fliederlimonade e

ZUTATEN:
- 7-10 Zitronen, plus etwas mehr zum Garnieren und in Scheiben schneiden
- 1 ½ Tassen Kristallzucker
- 8 ½ Tassen Wasser
- Eis
- 2-3 Köpfe frische Fliederblüten

ANWEISUNGEN:
a) Schneiden Sie Ihre Zitronen in zwei Hälften und entsaften Sie sie mit einer Zitruspresse. Sie benötigen 1 ½ Tassen Zitronensaft.
b) Entfernen Sie Kerne und Fruchtfleisch mit einem feinmaschigen Sieb aus Ihrem Zitronensaft. Den Saft kühl stellen.
c) Weichen Sie Ihre frischen Fliederzweige mindestens 2 Stunden oder über Nacht in kaltem Wasser ein.
d) Stellen Sie Ihren Sirup her, indem Sie 1 Tasse Wasser und 1 ½ Tassen Zucker in einen Topf geben. Unter ständigem Rühren erhitzen, bis sich der Zucker vollständig aufgelöst hat. Vom Herd nehmen und im Kühlschrank aufbewahren.
e) Schneiden Sie eine Zitrone in Medaillons und geben Sie sie in Ihren Krug.
f) Geben Sie Ihre Fliederblüten, Zitronensaft, Sirup und 7 Tassen Wasser in den Krug. Zum Kombinieren umrühren.

76. Hibiskuslimonade

ZUTATEN:
FÜR DEN EINFACHEN SIRUP:
- 1 Tasse Kristallzucker
- 2 Tassen Wasser
- ½ Tasse getrocknete Hibiskusblüten

FÜR DIE LIMONADE:
- 5 Tassen kaltes Wasser
- 2 Tassen Zitronensaft
- 1 Zitrone, in dünne Scheiben geschnitten
- Eiswürfel
- Frische Minze zum Garnieren

ANWEISUNGEN:
HERSTELLUNG DES EINFACHEN SIRUPS:
a) In einem kleinen Topf bei mittlerer bis hoher Hitze den Zucker, 2 Tassen Wasser und die getrockneten Hibiskusblüten vermischen.
b) Bringen Sie die Mischung unter Rühren zum Kochen, bis sich der Zucker vollständig aufgelöst hat.
c) Vom Herd nehmen und 10 bis 15 Minuten abkühlen lassen.
d) Den Sirup durch ein feinmaschiges Sieb passieren und mit der Rückseite eines Löffels auf die Blüten drücken, um ihr Aroma zu extrahieren. Entsorgen Sie die gebrauchten Hibiskusblüten.

ZUBEREITUNG DER LIMONADE:
e) Kombinieren Sie in einem 2-Liter-Krug das kalte Wasser, den Zitronensaft und den abgekühlten Hibiskussirup. Zum Vermischen gut umrühren.
f) Zitronenscheiben in den Krug geben.

g) Mehrere Eiswürfel und eine Zitronenscheibe in hohe Gläser geben.
h) Füllen Sie jedes Glas mit der Hibiskus-Limonadenmischung.
i) Belegen Sie jede Portion mit einem Zweig frischer Minze und servieren Sie sie mit einem Strohhalm.

77. Basilikumlimonade

ZUTATEN:
- $1\frac{1}{4}$ Tassen frisch gepresster Zitronensaft, plus Zitronenscheiben zum Garnieren
- $\frac{1}{2}$ Tasse Honig oder Agavendicksaft
- 1 Tasse dicht gepackte frische Basilikumblätter, mit zusätzlichen Blättern zum Garnieren
- 3 Tassen kaltes Wasser
- Eiswürfel

ANWEISUNGEN:
a) Zitronensaft, Honig (oder Agave) und Basilikum in einem Mixer vermischen. Mischen, bis die Mischung extrem glatt ist.
b) Die Mischung in einen Krug oder ein großes Glas abseihen, um alle Feststoffe zu entfernen.
c) Wasser hinzufügen und bis zum Servieren im Kühlschrank aufbewahren.
d) Auf Eis servieren, garniert mit Zitronenscheiben und frischen Basilikumblättern. Genießen!

78. Korianderlimonade

ZUTATEN:
- 1 ½ Tassen frischer Zitronensaft
- 1 Pint kochendes Wasser
- ½ Tasse Koriander, gewaschen und gehackt
- 2 Jalapenos, entkernt und gehackt
- Honig nach Geschmack

ANWEISUNGEN:
a) Gießen Sie zunächst kochendes Wasser über Jalapenos und Koriander.
b) Etwa 4 Stunden abkühlen lassen.
c) Nach Geschmack Zitronensaft und Honig hinzufügen.

79. Mit Borretsch angereicherte Limonade

ZUTATEN:

- 1/4 Tasse frisch gepresster Zitronensaft
- 2 Esslöffel Zucker (nach Geschmack anpassen)
- 4 Borretschblätter
- 2 Tassen Wasser

ANWEISUNGEN:

a) Geben Sie alle Zutaten in einen Mixer.

b) Etwa 30 Sekunden lang mixen, bis alles gut vermischt ist.

c) Die Mischung über reichlich Eis in ein hohes Glas abseihen.

d) Garnieren Sie Ihre Limonade mit Borretschblüten für einen zusätzlichen Hauch von Geschmack und Schönheit.

80. Zitronenverbene-Limonade

ZUTATEN:

- 2 ½ Pfund frische Ananas, geschält, entkernt und gehackt
- 2 Tassen frisch gepresster Zitronensaft
- 1 ½ Tassen Kristallzucker
- 40 große Zitronenverbeneblätter
- 4 Tassen Wasser

ANWEISUNGEN:

a) In einem großen Mixer die gehackte Ananas, den Zitronensaft, den Zucker und die Zitronenverbeneblätter vermischen.

b) Verschließen Sie den Deckel und pulsieren Sie die Mischung 10 oder 12 Mal, um mit der Zerkleinerung der Zutaten zu beginnen. Lassen Sie dann den Mixer laufen, bis die Mischung glatt ist. Wenn Ihr Mixer nicht groß genug ist, müssen Sie möglicherweise in mehreren Portionen arbeiten.

c) Die gemischte Mischung durch ein feinmaschiges Sieb in einen 2- -Liter-Krug oder mehr abseihen. Drücken Sie die Feststoffe mit der Rückseite eines Löffels durch das Sieb. Sie sollten mindestens 4 Tassen Flüssigkeit haben.

d) Gießen Sie das Wasser hinzu und rühren Sie alles um.

e) Servieren Sie die Ananas-Zitronenverbene-Limonade in mit Eiswürfeln gefüllten Gläsern und garnieren Sie jedes Glas mit Zweigen Zitronenverbene für einen zusätzlichen Hauch von Frische und Geschmack. Genießen!

81. Rosmarin-Limonade

(je 1 Tasse)

ZUTATEN:
- 2 Tassen Wasser
- 2 frische Rosmarinzweige
- $\frac{1}{2}$ Tasse Zucker
- $\frac{1}{2}$ Tasse Honig
- 1-$\frac{1}{4}$ Tassen frischer Zitronensaft
- 6 Tassen kaltes Wasser
- Eiswürfel
- Zusätzliche Zitronenscheiben und frische Rosmarinzweige (optional)

ANWEISUNGEN:
a) In einem kleinen Topf 2 Tassen Wasser zum Kochen bringen und dann die Rosmarinzweige hinzufügen. Die Hitze reduzieren und zugedeckt 10 Minuten köcheln lassen.
b) Die Rosmarinzweige entfernen und entsorgen. Zucker und Honig einrühren, bis sie sich vollständig aufgelöst haben. Geben Sie diese Mischung in einen Krug und stellen Sie sie 15 Minuten lang in den Kühlschrank.
c) Den frischen Zitronensaft hinzufügen und das kalte Wasser einrühren.
d) Die Rosmarinlimonade auf Eis servieren. Bei Bedarf mit weiteren Zitronenscheiben und frischen Rosmarinzweigen garnieren, um den Geschmack und die Präsentation zusätzlich zu verstärken.
e) Genießen Sie Ihre erfrischende Rosmarin-Limonade, eine köstliche Variante der klassischen Limonade!

82. Zitronengras-Limonade

ZUTATEN:

- 1½ Tassen Zucker
- 8½ Tassen Wasser, geteilt
- 1 Tube Zitronengras-Einrührpaste
- 1 Tasse frischer Zitronensaft
- Eiswürfel

ANWEISUNGEN:

a) In einem Topf 1½ Tassen Zucker und 1½ Tassen Wasser vermischen. Erhitzen Sie die Mischung bei mittlerer Hitze und rühren Sie, bis sich der Zucker vollständig aufgelöst hat. Dadurch entsteht ein einfacher Sirup.

b) Geben Sie die Gourmet Garden™ Lemongrass Stir-In Paste zum einfachen Sirup hinzu und vermischen Sie alles gut, um den Zitronengrasgeschmack zu verstärken.

c) Kombinieren Sie in einem separaten Behälter den frischen Zitronensaft, den mit Zitronengras angereicherten einfachen Sirup und die restlichen 7 Tassen Wasser. Rühren Sie die Mischung gut um.

d) Kühlen Sie die Zitronengras-Limonade im Kühlschrank ab, damit sie schön kalt ist.

e) Gießen Sie die Zitronengras-Limonade beim Servieren über Eiswürfel in Gläsern.

f) Genießen Sie diese einzigartige und erfrischende Zitronengras-Limonade mit dem herrlichen Geschmack von Zitronengras!

83. Hibiskus-Basilikum-Limonade

ZUTATEN:
- 2 Unzen Wodka
- 1 Unze frischer Zitronensaft
- 1 Unze Hibiskussirup
- 3-4 Basilikumblätter
- Sprudelwasser
- Eiswürfel
- Getrocknete Zitronenscheibe und Basilikumblätter zum Garnieren

ANWEISUNGEN:
a) In einem Cocktailshaker Wodka, frischen Zitronensaft, Hibiskussirup und Basilikumblätter vermischen.
b) Zerstoßen Sie die Basilikumblätter vorsichtig, um ihr Aroma freizusetzen.
c) Eiswürfel in den Shaker geben und kräftig schütteln, bis die Mischung gut gekühlt ist.
d) Den Cocktail in ein mit Eiswürfeln gefülltes Collins-Glas abseihen.
e) Füllen Sie das Getränk mit Limonade auf den gewünschten Grad an Kohlensäure auf.
f) Garnieren Sie Ihre Hibiskus-Basilikum-Limonade mit einer getrockneten Zitronenscheibe und ein paar frischen Basilikumblättern.
g) Genießen Sie diesen lebendigen und erfrischenden Cocktail mit der herrlichen Kombination aus Hibiskus-, Basilikum- und Zitronenaromen!

84. Meermoos-Limonade

ZUTATEN:

- 5 Zitronen
- 4 Esslöffel Seemoos-Gel
- 3 Tassen Wasser
- 1 Tasse einfacher Honigsirup
- 1 Tasse Meermooswasser

ANWEISUNGEN:

a) Machen Sie Seemoos-Gel
b) Zitronensaft und Meermooswasser mischen
c) Fügen Sie Seemoos-Gel hinzu
d) Fügen Sie einfachen Honigsirup hinzu
e) Gut vermischen und genießen!

85. Spirulina L-Emonade

ZUTATEN:

- 4 Tassen Wasser
- 4 große Zitronen, gepresst
- $\frac{1}{2}$ Tasse Agavennektar
- 1 Teelöffel E3 Live Blue Spirulina
- 1 Prise Salz

ANWEISUNGEN:

a) Die Zitronen waschen und halbieren. Drücken Sie den Zitronensaft mit einer Zitruspresse oder Ihren Händen in eine Schüssel und entfernen Sie dabei alle Kerne. Sie sollten etwa 1 Tasse frischen Zitronensaft erhalten.

b) Den Agavennektar mit dem Zitronensaft verrühren, bis alles gut vermischt ist.

c) In einem großen Krug Wasser, Agaven-/Zitronensaft, blaue Spirulina und eine Prise Salz vermischen. Rühren, bis alles gut vermischt ist und sich das Spirulina-Pulver aufgelöst hat.

d) Kühl stellen oder auf Eis gießen und genießen!

86. Mit Algen angereicherte Limonade

ZUTATEN:
- 1 Unze Zitronensaft
- 3 Spritzer Umami Bitters
- 0,5 Unzen Selters
- 0,5 Unzen Wodka
- 1 Tasse Zucker
- 1 Tasse Essig
- 1 Tasse Wasser

ANWEISUNGEN:
a) Beginnen Sie mit der Herstellung des Algenstrauchs. In einem Topf Zucker, Wasser, Essig und Zuckertang erhitzen, bis es heiß ist, aber nicht kocht. 10-15 Minuten ziehen lassen. Abkühlen lassen und in ein Glas abseihen.
b) Algenstrauch, Umamibitter, Zitronensaft und Selters in das Glas geben.
c) Geben Sie zum Abschluss einen Spritzer Ihres bevorzugten Wodkas.
d) Fügen Sie Eis hinzu, rühren Sie leicht um und garnieren Sie es mit einer Zitronenscheibe.
e) Genießen Sie Ihre erfrischende, mit Algen angereicherte Limonade!

87. Chlorella-Limonade

ZUTATEN:
- ½ Teelöffel Chlorella
- Saft von 1 Bio-Zitrone
- ½ bis 1 Teelöffel roher Honig
- Gefiltertes Quellwasser oder kohlensäurehaltiges Mineralwasser
- Eiswürfel
- Zitronenspalten zum Garnieren
- Optional: 1 Teelöffel frisch geriebener Ingwer

ANWEISUNGEN:
a) In einem Glas Chlorella, frisch gepressten Zitronensaft und rohen Honig mit einem Schneebesen oder Löffel vermischen, bis eine glatte Mischung entsteht.
b) Eiswürfel und Zitronenspalten in das Glas geben.
c) Füllen Sie das Glas mit Wasser Ihrer Wahl, sei es gefiltertes Quellwasser für einen milden Geschmack oder kohlensäurehaltiges Mineralwasser für etwas Spritzigkeit.
d) Fügen Sie nach Wunsch frisch geriebenen Ingwer hinzu, um den Geschmack und die Gesundheit noch weiter zu verbessern.
e) Gut umrühren, um alle Zutaten zu vermischen.
f) Nippen und genießen Sie diese erfrischende und äußerst feuchtigkeitsspendende Chlorella-Limonade. Es ist eine großartige Möglichkeit, Ihre Energie und Ernährung zu steigern und gleichzeitig erfrischt zu bleiben!

88. Matcha-Grüntee-Limonade

ZUTATEN:

- 2 Tassen heißes Wasser
- $\frac{1}{2}$ Teelöffel Epic Matcha-Grüntee-Pulver
- 1 Tasse reiner Rohrzucker
- $\frac{1}{2}$ Tasse frisch gepresster Zitronensaft
- 1 $\frac{1}{2}$ Liter kaltes Wasser

ANWEISUNGEN:

a) In einem großen Krug das Matcha-Grüntee-Pulver und den Zucker in das heiße Wasser einrühren, bis sich beide vollständig aufgelöst haben.

b) Sobald sich Matcha und Zucker aufgelöst haben, fügen Sie der Mischung den frisch gepressten Zitronen- (oder Limettensaft) hinzu.

c) Gießen Sie 1 $\frac{1}{2}$ Liter kaltes Wasser hinzu und rühren Sie gut um, um alle Zutaten zu vermischen.

d) Stellen Sie den Krug in den Kühlschrank und lassen Sie die Matcha-Grüntee-Limonade (oder Limeade) mindestens 30 Minuten lang abkühlen.

e) Wenn es ausreichend abgekühlt ist, rühren Sie es gut um und schon ist es servierfertig.

f) Das Erfrischungsgetränk mit Eiswürfeln in Gläser füllen und nach Belieben mit Zitronen- oder Limettenscheiben garnieren.

g) Genießen Sie Ihre hausgemachte Matcha-Grüntee-Limonade oder Limonade, eine köstliche Mischung aus Zitrusfrüchten und der erdigen Güte von Matcha!

89. Eiskaffee-Limonade

ZUTATEN:
FÜR DIE LIMONADE:
- ½ Tasse frischer Zitronensaft (ca. 3-4 Zitronen)
- ¼ Tasse Kristallzucker (je nach Geschmack anpassen)
- ½ Tasse kaltes Wasser

FÜR DEN KAFFEE:
- 1 Tasse gebrühter Kaffee, auf Raumtemperatur abgekühlt oder gekühlt
- ½ Tasse Milch (Sie können Milch- oder Nichtmilchmilch Ihrer Wahl verwenden)
- 1-2 Esslöffel gesüßte Kondensmilch (je nach Geschmack anpassen)
- Eiswürfel

ANWEISUNGEN:
a) Beginnen Sie mit der Zubereitung der Limonade. In einem Krug den frischen Zitronensaft und den Kristallzucker vermischen. Gut umrühren, bis sich der Zucker vollständig aufgelöst hat.

b) ½ Tasse kaltes Wasser zur Zitronenmischung hinzufügen und verrühren. Schmecken Sie ab und passen Sie die Süße oder Säure an, indem Sie je nach Bedarf mehr Zucker oder Zitronensaft hinzufügen.

c) Bereiten Sie Ihren gebrühten Kaffee in einem separaten Behälter zu. Sie können eine Übergießmethode, eine French Press oder eine beliebige andere Methode zur Kaffeezubereitung verwenden. Lassen Sie den Kaffee auf Raumtemperatur abkühlen oder stellen Sie ihn in den Kühlschrank.

d) Sobald der Kaffee fertig ist, geben Sie ihn in einen separaten Krug. Geben Sie die Milch Ihrer Wahl und nach

Geschmack gesüßte Kondensmilch hinzu. Zum Kombinieren gut umrühren. Passen Sie die Süße nach Ihren Wünschen an, indem Sie bei Bedarf mehr gesüßte Kondensmilch hinzufügen.
e) Füllen Sie zwei Gläser mit Eiswürfeln.
f) Gießen Sie die vorbereitete Kaffeemischung über die Eiswürfel und füllen Sie jedes Glas etwa zur Hälfte.
g) Als nächstes gießen Sie die hausgemachte Limonade über die Kaffeemischung in jedem Glas und füllen so den Rest des Glases.
h) Vorsichtig umrühren, um die Aromen zu verbinden.
i) Nach Belieben mit Zitronenscheiben oder einem Zweig Minze garnieren.
j) Servieren Sie Ihre erfrischende Eiskaffee-Limonade sofort und genießen Sie die köstliche Mischung aus Kaffee- und Limonadengeschmack.
k) Optional: Für eine zusätzliche Schicht Süße und Geschmack können Sie auch einen Spritzer aromatisierten Sirup, z. B. Vanille oder Karamell, hinzufügen.
l) Experimentieren Sie mit dem Verhältnis von Limonade zu Kaffee, je nach Ihren Geschmacksvorlieben. Genießen!

90. Earl Grey-Limonade

ZUTATEN:
- 4 Earl-Grey-Teebeutel
- 1 Tasse (236 ml) frischer Zitronensaft
- 3 Esslöffel Honig (oder nach Geschmack)
- Eiswürfel
- Zitronen- und Orangenscheiben zum Garnieren
- Frische Minzblätter zum Garnieren

ANWEISUNGEN:
a) Geben Sie zunächst die Earl Grey-Teebeutel in einen hitzebeständigen Krug oder Krug.

b) Gießen Sie 4 Tassen kochendes Wasser über die Teebeutel und lassen Sie sie 4-5 Minuten ziehen. Anschließend die Teebeutel entfernen.

c) Den Honig einrühren, solange der Tee noch heiß ist, damit er schmelzen und sich mit der Flüssigkeit vermischen kann. Lassen Sie die Mischung auf Raumtemperatur abkühlen.

d) Sobald der Tee abgekühlt ist, den frischen Zitronensaft unterrühren. Probieren Sie die Mischung und passen Sie die Süße an, indem Sie bei Bedarf mehr Honig hinzufügen.

e) Gläser mit Eiswürfeln füllen.

f) Gießen Sie die Earl-Grey-Limonade über das Eis in jedem Glas.

g) Garnieren Sie Ihr erfrischendes Getränk mit Zitronen- und Orangenscheiben und fügen Sie ein paar frische Minzblätter hinzu, um den Geschmack und das Aroma zusätzlich zu verstärken.

h) Servieren Sie Ihre Earl Grey Limonade an einem heißen Sommertag und genießen Sie die köstliche Mischung aus mit Bergamotte angereichertem Tee und pikanter Limonade.

i) Lehnen Sie sich zurück, entspannen Sie sich und genießen Sie die säuerlichen, würzigen und köstlichen Aromen dieses erfrischenden Getränks.

91. Pfirsich-Schwarztee-Limonade

ZUTATEN:
- 1 reifer mittelgroßer Pfirsich, Schale entfernt
- ½ Zitrone
- 2 Tassen schwarzer Tee (oder grüner Tee, falls gewünscht)
- 2 Esslöffel einfacher Sirup (Anleitung oben)
- 1 Tasse Eiswürfel

ANWEISUNGEN:
a) Drücken Sie zunächst den Saft einer halben Zitrone aus und stellen Sie ihn beiseite.
b) Den reifen Pfirsich in Stücke schneiden und in einen Mixer geben.
c) Geben Sie den reservierten Zitronensaft, schwarzen Tee (oder grünen Tee, wenn Sie möchten) und den Zuckersirup in den Mixer. Passen Sie die Menge des einfachen Sirups Ihren Geschmacksvorlieben an; Fügen Sie mehr hinzu, wenn Sie ein süßeres Getränk bevorzugen.
d) Mischen Sie alle Zutaten, bis eine glatte und gut vermischte Mischung entsteht.
e) Die gemixte Mischung mit reichlich Eiswürfeln oder zerstoßenem Eis in einen Krug oder Krug abseihen.
f) Servieren Sie Ihre hausgemachte Pfirsich-Schwarztee-Limonade sofort für ein erfrischendes und süß-säuerliches Sommergetränk.

92. Chai-Himbeer-Limonade

ZUTATEN:
- ¾ Tasse Eis
- 1 Unze Limonadenkonzentrat, 7+1, aufgetaut
- 1 Unze Himbeersirup
- 2 Unzen Original Chai Tea Latte
- 6 Unzen Zitronen-Limetten-Soda
- 2 frische rote Himbeeren
- 1 Scheibe Zitrone, geputzt und in Scheiben geschnitten

ANWEISUNGEN:
a) Waschen Sie Ihre Hände und alle frischen, unverpackten Produkte unter fließendem Wasser. Gut abtropfen lassen.
b) Geben Sie Eis in ein 16-Unzen-Getränkeglas.
c) Gießen Sie das Limonadenkonzentrat, den Himbeersirup, das Chai-Tee-Konzentrat und das Zitronen-Limetten-Soda über das Eis und vermischen Sie es gründlich mit einem langstieligen Barlöffel.
d) Die Himbeeren aufspießen oder pflücken.
e) Die in Scheiben geschnittene Zitrone halb durchschneiden.
f) Den in Scheiben geschnittenen Zitronen-Himbeer-Spieß auf den Glasrand legen.
g) Genießen Sie Ihre Chai-Himbeer-Limonade!

93. Limonade Kombucha

ZUTATEN:
- 1¼ Tassen frisch gepresster Zitronensaft
- 15 Tassen grüner Tee oder Oolong-Kombucha

ANWEISUNGEN:

a) Gießen Sie 2 Esslöffel Zitronensaft in jede 16-Unzen-Flasche.

b) Füllen Sie die Flaschen mit einem Trichter mit Kombucha und lassen Sie in jedem Flaschenhals etwa 2,5 cm Platz.

c) Verschließen Sie die Flaschen fest.

d) Stellen Sie die Flaschen an einen warmen Ort (ca. 22 °C), um sie 48 Stunden lang zu gären.

e) 1 Flasche 6 Stunden lang im Kühlschrank lagern, bis sie vollständig abgekühlt ist.

f) Öffnen Sie die Flasche und probieren Sie das Kombucha. Wenn es zu Ihrer Zufriedenheit sprudelt, stellen Sie alle Flaschen in den Kühlschrank, um die Gärung zu stoppen.

g) Sobald die gewünschte Spritzigkeit und Süße erreicht ist, stellen Sie alle Flaschen in den Kühlschrank, um die Gärung zu stoppen.

h) Vor dem Servieren abseihen, um noch vorhandene Hefestränge zu entfernen und zu entsorgen.

94. Gewürzte Apfellimonade

ZUTATEN:

- 3 Zitronen
- 1 Zoll großes Stück Ingwer
- 1 Handvoll frische Minzblätter
- ½ Vanilleschote
- 2 Kardamomkapseln
- 1 Zimtstange
- 2 Pimentbeeren
- 2 Sternaniskapseln
- ½ Tasse) Zucker
- 2½ Tassen ungefilterter Apfelsaft

ANWEISUNGEN:

a) Den Saft der Zitronen auspressen.
b) Den Ingwer schälen und in dünne Scheiben schneiden.
c) Entfernen Sie die Blätter von der Minze.
d) Die Vanilleschote der Länge nach aufschlitzen und die Kardamomkapseln zerdrücken.
e) In einem Topf Ingwer, Zitronensaft, Minzblätter, zerstoßenen Kardamom, Zimtstange, Pimentbeeren, Sternanisschoten, Zucker und 200 ml (ca. 7 Unzen) Wasser vermischen. Erhitzen Sie die Mischung, aber achten Sie darauf, dass sie nicht zum Kochen kommt.
f) Lassen Sie die Mischung 15 Minuten lang ziehen, damit sich die Aromen vermischen.
g) Geben Sie die aufgegossene Mischung durch ein feines Sieb, um die festen Bestandteile zu entfernen. Lassen Sie die Flüssigkeit abkühlen.
h) Sobald die Flüssigkeit abgekühlt ist, den gekühlten, ungefilterten Apfelsaft untermischen und gut verrühren.

i) Die gewürzte Apfellimonade in Gläser füllen und servieren.

95. Kurkuma-Limonade

ZUTATEN:

- 1 Kurkumawurzel geschält und gerieben
- Saft von 2 Zitronen
- 4 Tassen Wasser
- 1 Esslöffel oder nach Geschmack Honig/Ahornsirup
- 1 Esslöffel gehackte Minzblätter

ANWEISUNGEN:

a) Die Kurkumawurzel schälen und reiben.
b) 1 Tasse Wasser in einen kleinen Topf geben.
c) Geriebenen Kurkuma dazugeben, bei mittlerer Hitze zum Kochen bringen und dann den Herd ausschalten.
d) Durchseihen, bis eine klare Flüssigkeit entsteht, und zum Abkühlen beiseite stellen.
e) In einem Krug Zitronensaft, Honig und Kurkumawasser vermischen.
f) Zum Mischen umrühren, abschmecken und bei Bedarf mehr Honig oder Zitronensaft hinzufügen.
g) Gehackte Minzblätter und Eiswürfel hinzufügen und noch einmal gut umrühren.
h) Kurkuma-Limonade gekühlt servieren.

96. Masala-Limonade

ZUTATEN:
- 3 Zitronen, entsaftet
- 1 Tasse Zucker
- 4 Tassen Wasser
- $\frac{1}{2}$ Zoll Ingwer, zerstoßen
- 1 Teelöffel Kreuzkümmelpulver
- $\frac{1}{4}$ Teelöffel schwarzes Pfefferpulver
- 1 Teelöffel schwarzes Salz
- Eine Handvoll Minzblätter
- 1 Prise Kochsoda (optional)

ANWEISUNGEN:
a) In einer Schüssel den Saft der Zitronen auspressen.
b) Zum Zitronensaft Zucker, zerstoßenen Ingwer und frische Minzblätter hinzufügen. 1 Glas Wasser hinzufügen.
c) Alles gut vermischen, bis sich der Zucker vollständig aufgelöst hat.
d) Filtern Sie den Saft, um Fruchtfleisch und feste Partikel zu entfernen.
e) Zum gefilterten Saft schwarzes Pfefferpulver, Kreuzkümmelpulver und schwarzes Salz hinzufügen. Alles gründlich vermischen.
f) Fügen Sie der Mischung Eiswürfel hinzu, um sie abzukühlen.
g) Wenn Sie eine kohlensäurehaltige Limonade bevorzugen, können Sie optional eine Prise Kochsoda hinzufügen.
h) Servieren Sie diese erfrischende und aromatische Masala-Limonade in Gläsern zur Teezeit oder zu abendlichen Snacks. Genießen Sie die köstliche Gewürz-Zitronen-Mischung!

97. Chai-gewürzte Limonade

ZUTATEN:
- 2½ Tassen Wasser
- ¼ Tasse Ahornsirup (oder Honig oder Agavensirup)
- 1 Esslöffel gehackte frische Ingwerwurzel
- 3 grüne Kardamomkapseln, geknackt
- 4 ganze Nelken
- 1 kleine Zimtstange
- ½ Tasse frisch gepresster Zitronensaft

ANWEISUNGEN:
a) In einem mittelgroßen Topf bei mittlerer Hitze das Wasser zum Kochen bringen. Lassen Sie es ohne Deckel 2 Minuten kochen.
b) Ahornsirup, gehackten Ingwer, zerstoßene Kardamomkapseln, Nelken und Zimtstange in das kochende Wasser geben. Gut umrühren und die Mischung zum Kochen bringen. Gelegentlich umrühren.
c) Nehmen Sie den Topf vom Herd und decken Sie ihn mit einem Deckel ab. Lassen Sie die Mischung 20 Minuten ruhen, damit die Gewürze durchziehen können.
d) Die aufgegossene Flüssigkeit durch mehrere Lagen Käsetuch oder ein feinmaschiges Sieb in ein großes Einmachglas oder einen Krug abseihen, um die Gewürze zu entfernen.
e) Stellen Sie die abgesiebte Flüssigkeit in den Kühlschrank, bis sie vollständig kalt ist.
f) Den frisch gepressten Zitronensaft unterrühren.
g) Servieren Sie die mit Chai gewürzte Limonade auf Eis. Für eine besonders erfrischende Note können Sie bei Bedarf einen Schuss Mineralwasser oder Spirituosen hinzufügen.

h) Übrig gebliebene Limonade kann bis zu 3 Tage im Kühlschrank aufbewahrt oder für eine längere Lagerung eingefroren werden. Genießen Sie diese einzigartige und geschmackvolle Variante der Limonade!

98. Limonade mit scharfer Soße

ZUTATEN:

- 1 Liter Limonade
- 2 Tassen weißer Rum
- 6-Unzen-Dose gefrorenes Limonadenkonzentrat
- ¼ Tasse frischer Zitronensaft
- 1 Teelöffel scharfe Soße
- Crushed Ice, nach Wunsch

ANWEISUNGEN:

a) In einem Krug Limonade, weißen Rum, gefrorenes Limonadenkonzentrat, frischen Zitronensaft und scharfe Soße vorsichtig verrühren.
b) Gießen Sie die würzige Limonadenmischung in mit Crushed Ice gefüllte Gläser.
c) Servieren Sie diese erfrischende und pikante würzige Limonade bei Ihrem nächsten Treffen mit Freunden und Familie für ein köstliches und unvergessliches Getränk.
d) Verantwortungsvoll geniessen!

99. Indische Gewürzlimonade

ZUTATEN:
FÜR EINFACHEN SIRUP:
- 1 Tasse Zucker
- 1 Tasse Wasser
- Ein Spritzer Zitronensaft (um Kristallisation zu verhindern)

FÜR LIMONADE:
- Einfacher Sirup (nach Geschmack)
- 1 Tasse frisch gepresster Zitronen- oder Limettensaft
- 4 Tassen kaltes Wasser
- Geröstete und zerstoßene Kreuzkümmelsamen (optional)
- Meersalzflocken (optional, zum Rand des Glases)

Garnierungen:
- Frische Minzblätter (optional)
- Frische Zitronenverbeneblätter (optional)
- Frische Basilikumblätter (optional)

ANWEISUNGEN:
EINFACHEN SIRUP HERSTELLEN:
a) In einem Topf bei mittlerer Hitze 1 Tasse Zucker und 1 Tasse Wasser vermischen.

b) Fügen Sie der Mischung einen Spritzer Zitronensaft hinzu, um ein Kristallisieren zu verhindern.

c) Rühren Sie die Mischung um und lassen Sie sie kochen, bis sich der Zucker vollständig aufgelöst hat.

d) Den Topf vom Herd nehmen und den einfachen Sirup abkühlen lassen.

LIMONADE ZUBEREITEN:
e) Kombinieren Sie in einem Krug 1 Tasse frisch gepressten Zitronen- oder Limettensaft mit 4 Tassen kaltem Wasser.

f) Den einfachen Sirup nach Geschmack einrühren. Passen Sie die Süße je nach Geschmack an, indem Sie mehr oder weniger Zuckersirup hinzufügen.

PORTION:

g) Wenn Sie möchten, können Sie für einen zusätzlichen Geschmackskick Meersalzflocken auf den Rand des Glases streuen.

h) Führen Sie eine Limetten- oder Zitronenscheibe über den Rand des Glases, um es zu befeuchten.

i) Tauchen Sie den angefeuchteten Rand in einen Teller mit Meersalzflocken, um den Rand des Glases zu bilden.

j) Füllen Sie das Glas mit Eiswürfeln.

k) Gießen Sie die Limonadenmischung über die Eiswürfel im Glas.

l) Garnieren Sie Ihre indische Gewürzlimonade nach Wunsch mit frischen Minzblättern, Zitronenverbenenblättern oder Basilikumblättern.

100. Lavendel-Zitronen-Tropfen

ZUTATEN:
- 2 Unzen mit Lavendel angereicherter Wodka
- 1 Unze Triple Sec
- ½ Unze frischer Zitronensaft
- Lavendelzweig zum Garnieren

Mit Lavendel angereicherter Wodka:
- ¼ Tasse getrocknete Lavendelknospen
- 1 Tasse Wodka

ANWEISUNGEN:
Mit Lavendel angereicherter Wodka

a) Kombinieren Sie in einem sauberen Glas die getrockneten Lavendelknospen und den Wodka.

b) Verschließen Sie das Glas und lassen Sie es zum Ziehen etwa 24–48 Stunden lang an einem kühlen, dunklen Ort stehen. Probieren Sie gelegentlich, um sicherzustellen, dass der gewünschte Lavendelgeschmack erreicht wird.

c) Sobald der Wodka nach Ihrem Geschmack aufgegossen ist, seihen Sie ihn durch ein feinmaschiges Sieb oder ein Käsetuch, um die Lavendelknospen zu entfernen. Füllen Sie den mit Lavendel angereicherten Wodka zurück in eine saubere Flasche oder ein sauberes Glas.

FÜR LAVENDEL-ZITRONEN-TROPFEN:

d) Füllen Sie einen Cocktailshaker mit Eis.

e) Geben Sie 2 Unzen mit Lavendel angereicherten Wodka, 1 Unze Triple Sec und ½ Unze frischen Zitronensaft in den Shaker.

f) Kräftig schütteln, bis es gut gekühlt ist.

g) Die Mischung in ein gekühltes Martiniglas abseihen.

h) Garnieren Sie Ihren Lavendel-Zitronen-Drop mit einem Zweig frischem Lavendel.

i) Genießen Sie Ihren Lavender Lemon Drop-Cocktail mit seinen herrlichen Blumen- und Zitrusnoten!

ABSCHLUSS

Zum Abschluss unserer Reise durch „The Lemon Lovers' Culinary Companion" hoffen wir, dass Sie die frische und geschmackvolle Welt der mit Zitronen angereicherten Köstlichkeiten genossen haben. Zitronen haben die einzigartige Fähigkeit, Gerichte auf unzählige Arten aufzuhellen und zu verfeinern, und Sie sind jetzt ein Meister darin, sich ihre kulinarische Magie zunutze zu machen.

Wir ermutigen Sie, Ihre Erkundung der von Zitronen inspirierten Kreationen fortzusetzen, mit neuen Rezepten zu experimentieren und Ihre köstlichen Gerichte mit Familie und Freunden zu teilen. Jedes Gericht, das Sie zubereiten, ist ein Beweis für die Freude am Kochen mit Zitronen und die lebendigen Aromen, die sie auf den Tisch bringen.

Vielen Dank, dass Sie Teil dieses zitrischen kulinarischen Abenteuers sind. Mögen die Kenntnisse und Fertigkeiten, die Sie erworben haben, auch weiterhin Ihren kulinarischen Weg erhellen und mögen Ihre Mahlzeiten immer von der sonnigen Stimmung der Zitronen erfüllt sein. Viel Spaß beim Kochen!

www.ingramcontent.com/pod-product-compliance
Lightning Source LLC
Chambersburg PA
CBHW071305110526
44591CB00010B/789